DAOLU KEYUN DIAOODUYUAN JINENG DENGJI PEIXUN JIAOCAI

道路客运调度员技能等级培训教材

下册

北京公共交通控股（集团）有限公司　主编

人民交通出版社股份有限公司
北　京

内 容 提 要

《道路客运调度员技能等级培训教材》共分上、下两册，针对公交行业调度员岗位要求，结合区域智能调度等新技术发展，以调度措施、客流统计与预测、实时调度系统操作、公交线网优化、大型活动组织、调度管理信息系统为重点，涵盖了企业自主评价体系初级、中级、高级、助理技师、技师、高级技师六个技能等级的岗位要求和专业技能知识。

本教材上册适用于初级工、中级工的技能培训，下册适用于高级工、助理技师、技师和高级技师的技能培训，为高技能人才发挥引领示范作用提供了基础知识保障。

图书在版编目(CIP)数据

道路客运调度员技能等级培训教材. 下册 / 北京公共交通控股(集团)有限公司主编. — 北京 : 人民交通出版社股份有限公司, 2020.12

ISBN 978-7-114-16541-2

Ⅰ. ①道… Ⅱ. ①北… Ⅲ. ①道路运输—旅客运输—运输调度—技术培训—教材 Ⅳ. ①U492.4

中国版本图书馆 CIP 数据核字(2020)第 078151 号

书　　名：道路客运调度员技能等级培训教材(下册)
著 作 者：北京公共交通控股(集团)有限公司
责任编辑：王　丹　李　喆
责任校对：刘　芹
责任印制：刘高彤
出版发行：人民交通出版社股份有限公司
地　　址：(100011)北京市朝阳区安定门外外馆斜街 3 号
网　　址：http://www.ccpcl.com.cn
销售电话：(010)59757973
总 经 销：人民交通出版社股份有限公司发行部
经　　销：各地新华书店
印　　刷：北京虎彩文化传播有限公司
开　　本：787 × 1092　1/16
印　　张：13
字　　数：225 千
版　　次：2020 年 12 月　第 1 版
印　　次：2022 年 7 月　第 2 次印刷
书　　号：ISBN 978-7-114-16541-2
定　　价：70.00 元
(有印刷、装订质量问题的图书由本公司负责调换)

编写委员会(下册)

主　　任：洪崇月

副 主 任：高　原　吴松涛　李金刚　谢　静

主　　编：曹　炎

副 主 编：徐立泉　万逸飞　邵　丹　谢亚平

编撰人员：(按姓氏笔画排序)

万逸飞　马金光　王　宇　王佑安

王　杰　孙宏飞　李金鹏　张宇石

邵　曈　季欣荣　胡耀东　徐立泉

唐文兰　梁发军　曹灵芝　曹　炎

粘宝生　宿　月　谢　琳　景　柳

靳　晨　翟亚杰

项目负责：谢　静　丰　帆

前言

Preface

2017 年国家实行职业资格制度改革，由企业承担技能人才评价主体责任。北京公交集团作为北京市第一批技能等级认定试点企业，紧跟改革步伐，对技能人才评价标准和流程进行全面调研与梳理，形成了科学、严谨、规范的技能等级自主评价体系。在此基础上，北京公交集团结合新技术的发展与应用，将技能人才评价与智能调度系统、智能辅助驾驶主动安全预警系统等公交领域新技术进行深度融合，开发了具有公交特色、符合企业实际需求的技能等级培训系列专用教材。

《道路客运调度员技能等级培训教材》共分上、下两册，针对公交行业调度员岗位要求，结合区域智能调度等新技术发展，以调度措施、客流统计与预测、实时调度系统操作、公交线网优化、大型活动组织、调度管理信息系统为重点，涵盖了企业自主评价体系初级、中级、高级、助理技师、技师、高级技师六个技能等级的岗位要求和专业技能知识。

本教材上册适用于初级工、中级工的技能培训，内容包括职业入门必备的企业文化、法律法规、职业道德、线路知识、客流知识、行车时刻表、北京公交实时调度系统应用等知识内容。本教材下册适用于高级工、助理技师、技师和高级技师的技能培训，内容为上册各模块知识点的延伸与提升，拓展了办公软件应用、职业培训与指导等内容，为高技能人才发挥引领示范作用提供了基础知识保障。

本教材在编写过程中得到了北京市人力资源和社会保障局相关领导、专家的支持和指导,得到了北京公交集团相关专业部室领导、专业人员和技能大师工作室的鼎力相助,在此表示诚挚的谢意！我们坚信,本教材一定会在未来公交行业从业人员职业技能提升中发挥重要作用。

由于编者水平有限,书中难免有疏漏和不足之处,恳请广大读者批评指正,并及时将发现的问题和修改建议函告北京公交集团人力资源部(地址:北京市丰台区莲花池西里29号,邮政编码:100161),以便修订时研用。

编　者

2020年5月

目录

contents

第一章 公交线路线网

第二章 行车时刻表

第三章 公交运营线路的行车速度及车辆利用

第四章 大型活动公交组织

第五章 管理信息系统

第六章 其他运营业务知识

第七章 相关业务知识

第八章 职业培训与职业教学

第一章

公交线路线网

第一节　城市公交线路线网

一、公交线路的技术指标

1. 线路长度

线路长度与城市面积、平均乘距等有一定的比例关系。规范线路长度有利于运营管理,既便于制定票价,特别是推行单一票制无人售票,也便于运行调度、控制线路的服务水平。

公共交通(以下简称“公交”)线路平均长度与城市规模及居民公交平均出行距离有关。按照城市规模估算,大城市线路平均长度相当于城市面积的当量半径,小城市线路平均长度相当于城市面积的当量直径。北京城六区面积的当量半径约为21km,除去远郊区线路外,平均线路长度在20～25km比较适宜。按照居民公交出行平均距离估算,线路长度大致是平均乘距的2.0～2.5倍。随着轨道交通的发展和城市交通拥堵问题的突显,大城市的公交向综合性运输发展,市民长距离出行逐步向轨道交通转移,地面公交短乘距客流比例不断增加。因此,轨道交通不断发展的大城市的公交线路平均长度,随着地面公交客流特点的变化而不断变化。依据居民出行距离控制线路平均长度的目的是避免线路各站间断面客流量变化不过于悬殊,有助于平衡线路运输效率。

2. 营业时间

线路营业时间按上述不同线路类型确定基本的营业时间段,并根据线路途经区域、客流特征制订具体营业时间。

3. 站距

线路设站与站距涉及诸多因素:

(1)乘客需要。乘客需要包括主要的客流集散点(如居民区、商业网点、学校、工厂等)以及与其他线路的换乘点。

(2)运行速度。站距应与线路运行速度要求相匹配。快线应保持较大的间距,而支线则允许较短的间距。

(3)服务水平。合理的设站和站距决定了乘客步行到站时间。

(4)客观条件。客观条件包括设站地点周边交通环境、道路、单位、居民楼情况等。

通常,市区线路平均站距控制在 300 ~ 500m 范围内,郊区线路平均站距根据沿途客流情况确定。在客流密集的商业区、城市核心区站距还可以缩短。图 1-1 所示为乘客出行时间与站距的关系。

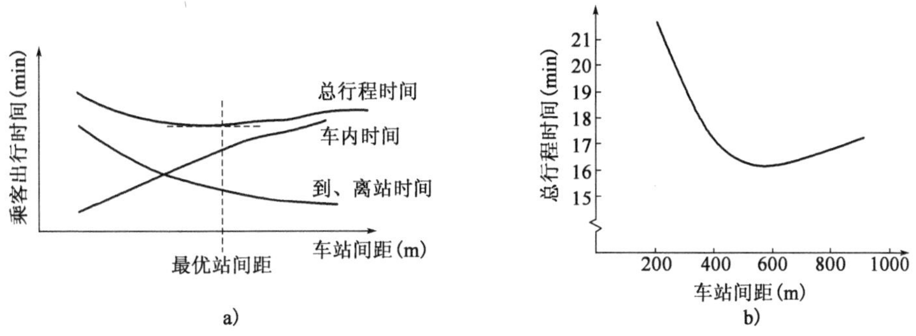

图 1-1　乘客出行时间与站距的关系

4. 票制票价

通常,线路长度决定票制票价。自 2014 年 12 月 28 日起,北京地面公交执行新的票价政策,即 10km 内(含)2 元,每增加 5km 以内(含)加价 1 元。

5. 客运能力

客运能力是指单位时间内在固定线路上运营的公交车辆运载乘客的能力,即应具备的公交车辆数(或客位数),包括车辆(或客位)为运营而行驶所产生的车公里(或客位公里)。它既不同于交通工程中的道路通行能力,也不同于运营调度中车辆额定客位数的总和。客运能力是公交服务的基础。当客运能力适当大于线路客流,公交服务水平就高,运营就正常、迅速、舒适;当客运能力接近甚至小于线路客流时,公交服务水平恶化,易引发服务纠纷和交通拥堵。

就一条具体线路而言,从运营过程的不同角度来看,客运能力可分为以下三类。

1)中途站客运能力

计算单位是每小时载客总数或每小时上车乘客总数。前者指上车与原在车上的乘客总数,后者仅指上车乘客数。由于高峰小时中途站常常因乘客数大于客运能力而有乘客留乘,因而中途站的客运能力是最直接的参考指数。

2)断面客运能力

断面,即两个或若干个车站之间的区段,计算单位为每小时客位公里。它比第一类指数更准确,能深刻而实际地反映客运过程全貌。在乘客平均乘距发生明显变化时,这项指数的作用会更加明显。

3)起讫站(集散点)客运能力

计算单位是每小时上车乘客总数。起讫站客运能力一般比中途站大,如采取快车等调度措施后,连续或跳跃式地越过若干中途站,会形成起讫站与中途站客运能力差异较大的结果。集散点是若干线路起讫点的汇合。

6. 断面客流不均衡系数

断面客流不均衡系数是指该线路高峰时段最大客流断面的客流量与线路平均断面客流量的比值。一般断面客流不均衡系数小于1.5为宜,超过1.5易造成运营调度难度加大,运输效率下降,应采取调度措施予以弥补。

二、城市公交线网

1. 公交线网的概念

公交线网是指城市或某区域内所有公交线路构成的网络。一条公交线路,虽然具备了首末站、线路走向和中途站三个方面的要素,但还称不上公交线网。只有一组互相衔接的线路交织在一起,才能构成公交线网的有机整体。显然,对于一个城市来说,一组线路的含义,是指该城市的所有公交线路,或者是指一个地区或一个类型的线路。线路的首末站、具体走向、中途设站和线路之间的相互衔接,则是构成公交线网的"四大要素"。

2. 公交线网的主要形式

就地面公交而言,城市公交线网的形式取决于城市道路的平面布局。有什么样的道路网,就会有什么样的地面公交线网,这是决定公交线网构成形式的前提条件。另外,线网的构成形式还取决于该城市的主要客流方向。

公交线网的铺设,要与城市主要客流方向一致。对于居民出行,无论是因工作、学习,还是购物、探亲、旅游等,只要出行距离超过了步行允许限度(一般为1km),且不具备个体交通的情况下,都会产生乘公交工具的需求。线路符合客流方向,可缩短乘客步行到站时间,使线网密度达到最佳状态,形成较为短捷的运送途径。公交线网是从总体角度来解决一个城市或地区居民的乘车需求的。因此,要从全局观点来衡量客流状况、运输效率,达到兼顾乘客便捷性和运营效率的平衡点。

公交线网类型通常有以下几种。

1)设有市区首末站的放射型线网

我国的大多数城市,居民的活动多集中在市中心区,形成从市区到市郊、市区外围新城的放射型公交线网(图1-2)。这种线网的优点是,线网覆盖的各区域居民可以直达往返于市中心地区,在换乘不多的情况下就能完成出行。但是它也有明显的缺点:

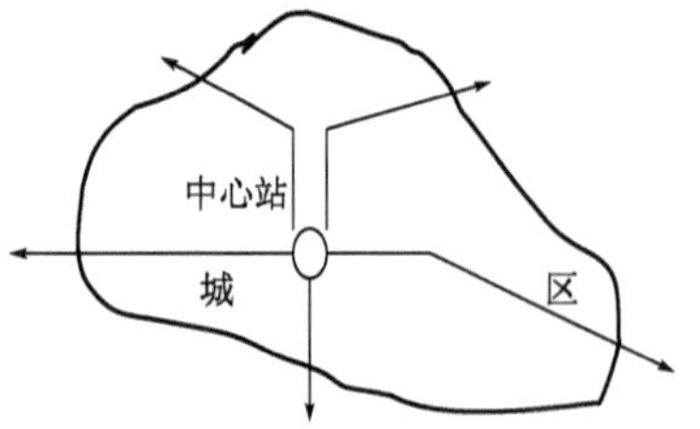

图1-2 设有市区首末站的放射型线网示意图

(1)对于切线状的出行,会带来迂回和多次转车的困难。部分经过市中心的乘车必须转车换乘,会增加换乘出行时间和换乘站的压力。

(2)要求市中心区有足够的公交场站满足

停车、驻车要求，增加了城市用地的紧张。

(3)易引起市中心区客流集中，影响道路的通行能力。

2)棋盘型线网

棋盘型线网的特点是布局规则整齐，线路按一定规则和间隔布设，纵向、横向线路交叉布设(图1-3)。对于已建成区域广阔且成片的城市或地区来说，棋盘型线网的主要优点如下：

(1)乘客只要换一次车便可以从任何一点到其他地区。

(2)乘客的集散点可以分散，公交场站可放在市区边缘地带。

(3)结合科学系统的路号编制，乘客可以很方便地制订出行换乘计划。

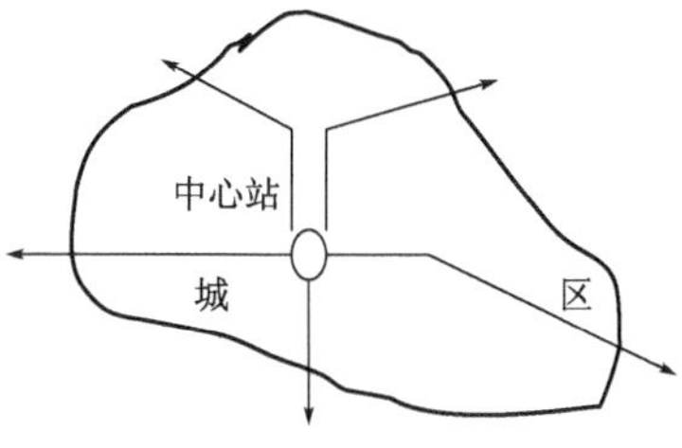

图1-3　棋盘型线网示意图

其缺点如下：

(1)在一个纯粹的棋盘型线网上，大部分乘客都要换乘一次以上(除部分直线OD的居民外)，部分对角线方向需换乘两次。

(2)棋盘型线网对城市道路网要求高，线路通过交叉口多，运送速度较低。

(3)基本是路口换乘，换乘步行距离较远，特别是大型立交桥区，对路口就近设站的要求高。

3)交叉放射型线网

交叉放射型线网既有棋盘型线网的特点，又有放射型线网的特点。它不仅能为市中心乘客集散点提供更多的线路，而且能为若干重要市中心区提供直达交通条件。同时，还有与棋盘型线网一样的灵活性，为路远的地区提供交通方便(图1-4)。

4)带有环线或切线的放射型线网

城市规模不断向外拓展，为了使城区外围客流集散点有公交线路相连，各方向出行换乘方便，布设环形线或切线的放射型线路较合适。在放射型线网的基础上，加上若干条环形线、切线，可以使以四周边缘地区为起止点的乘客，不必穿行市区而到达目的地。这对于减少车辆在市中心街道上的通行次数、减少换乘客流在市区聚集、缓解市区道路交通拥挤等均具有积极意义。带有环线或切线的放射型线网多适用于大城市(图1-5)。

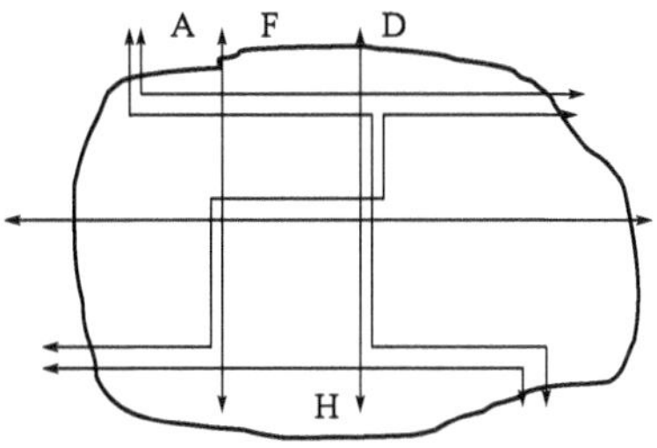

图1-4　交叉放射型线网示意图

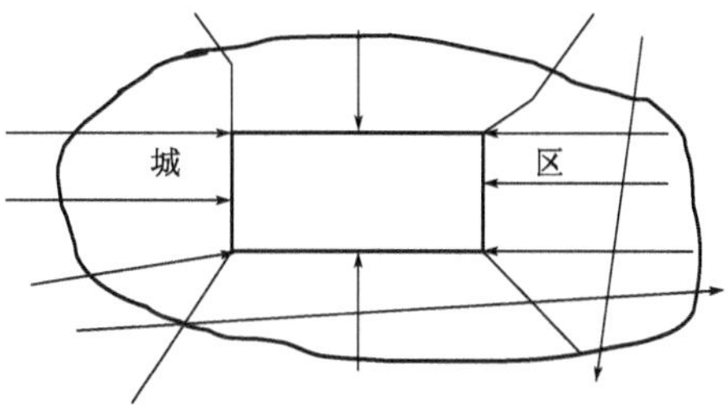

图1-5　环形放射型线网示意图

5)干线和支线相结合的线网

干线和支线相结合的线网(图1-6)由两部分线路组成:一部分是公交骨干线,即在主要干道上布设的公交线路。这类线路一般客运量大,配车多,发车频率高,线形较直,推荐公交快线形式。另一部分是支线,即用来将边缘地区的职工、居民接驳至公交骨干线的公交线路。这类线路相对来说客运量较少,配车不多,发车间隔相对较大,线形也允许适当的弯曲。其优点是能提高客运效率,缺点是多数乘客要中途换车。干线和支线相结合的线网一般用于有轨道交通、快速公交、高速路快线的城市。

6)混合型线网

混合型线网是指综合了各种线网的形态,根据不同地区的主要客流方向、道路网状态,形成不同线路形式(图1-7)。混合型线网一般适用于特大城市或大城市。

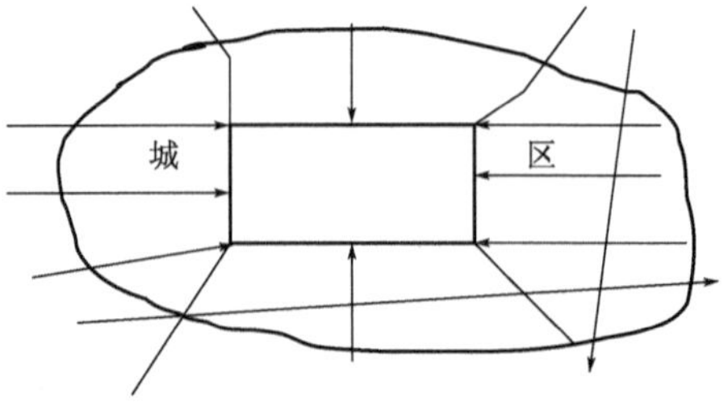

图1-6　干线和支线相结合的线网示意图

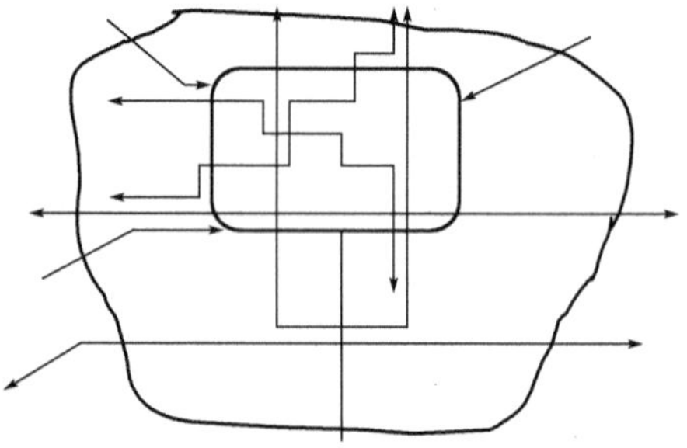

图1-7　混合型线网示意图

3.线网的衔接关系

公交线路定站运营的模式决定了线网的衔接不是简单的交织节点,往往一条线路在局部线网中有多处交织节点,但由于设站的原因,实际上并不与局部线网形成衔接关系。线网的衔接本质上是不同线路站与站之间的衔接,其衔接点包括中途站、首末站、枢纽站。在具体线路的规划设计中,由于通常采取在既有线网的基础上逐条布设的方法,主要考虑某条线路与既有线网的衔接关系,其衔接关系可归纳为点衔接、线衔接和面衔接三种。

1)点衔接

点衔接是指线路与局部线网形成单站点衔接,通常出现在郊区进城快线与市区线网的衔接,以及区域支线与骨干线网的衔接。其线路客流体现典型的斜形特征。这种衔接关系的特点是线路仅有一个站点(通常是该线路的首末站)与线网形成衔接关系。点衔接最大限度地发挥了线路对线网覆盖率的贡献,线路重复系数很低,线路的功能十分明确,通常是为了解决某区域快速到达另一区域的客流需求或收集零散客流到客流集散点。但由于是单点衔接,因此线路在衔接点的稳定性方面尤为重要,衔接点周边应具备驻车、发车条件,以保证衔接点的间隔和运力投入。同时,衔接点的选择还需考虑站区的换乘能力,保证站区候车秩序。在条件具备的情况下,点衔接可发挥线路的最大运营效率,并实现较好的服务质量。

2)线衔接

线衔接是指线路与局部线网的一条线段形成多站点衔接,俗称为“穿袖”。线衔接由点衔接演变而来,通常是由于衔接点周边场站或换乘站区的条件不具备,为适应场站位置或降低单站点衔接的运营风险而采取的衔接形式。线衔接以线路重复为代价,弥补了场站及换乘站的条件不足。在实际运营中,乘客由于乘车的心理因素,仍倾向于在接近线路首末站的衔接点换乘该线路。此外,线路在运营组织中,需全面考虑衔接区段的客流登降量,保证中途站的客运能力满足客流需求。

3)面衔接

面衔接是指线路与局部线网的多条线段形成多站点衔接,是线路与线网衔接的基本形式。良好的面衔接使得线路与线网形成丰富的换乘点,方便乘客换乘各方向的线路,构成公交运营的网络化,提高公交便利性。

$$p = \frac{2L}{V} \tag{1-1}$$

式中:p——连接度是度量网络一个节点与其他节点联系难易程度的指标;

L——网络中实际存在的线段数;

V——网中实际的节点数。

p 值越大,表明网络的连接越便利。表 1-1 中放射型线网的连接度值较低,而增加一条环型线路以后,连接度值大幅增加。

不同网络布局形式的连接度值 表 1-1

网格布局形式	节 点 数	网络总边数	连 接 度 值
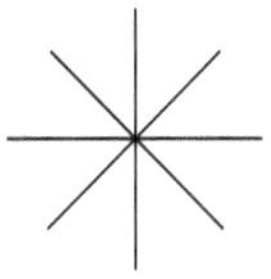	9	8	1.8
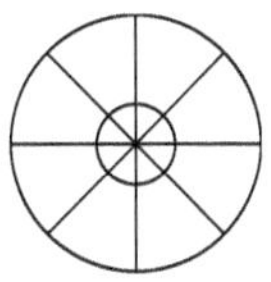	17	32	3.8

从提高运营效率的角度来考虑,理想的面衔接形式是衔接点交叉换乘,即路口交叉换乘,避免了线路的阶梯形路由,降低线路重复减少路口转弯。但交叉换乘要求路口就近设站,对路口交通组织要求很高。为减少乘客换乘距离,在路口不具备交叉换乘的条件下,采取并行换乘形式,线路走向上要考虑客流换乘走向,尽可能保证大部分乘客同站同方向换乘,避免过街对向换乘。

4. 线网的技术指标

1)居民乘车流动量

城市居民为了生产、生活、文化娱乐等需要产生的外出活动,构成了出行流动。

居民乘车流动量是指城市居民在一年当中,平均乘坐公交车辆的次数。计算单位为次/人年,其计算公式为

$$\text{居民乘车流动量} = \frac{\text{公交年客运量}}{\text{城市常住人口数}} \tag{1-2}$$

决定居民乘车流动量大小的因素很多,除了城市公交的发达程度以外,还与城市经济发展水平、城市各功能区布局、居民收入水平、公交票价高低等。

2)平均运距和平均乘距

平均运距是指乘客乘坐一次车的平均距离。一般说来,市区线路的平均运距小,郊区线路的平均运距大。其计算公式为

$$\text{平均运距} = \frac{\text{人公里}}{\text{乘客人数}} \tag{1-3}$$

平均乘距是指乘客一次出行全程的平均乘车距离。其计算公式为

$$\text{平均乘距} = \text{完成一次出行的乘车次数} \times \text{平均运距} \tag{1-4}$$

北京公交集团线路2018年地面公交平均运距6.7km,平均乘距8.0km。

3)换乘系数

换乘系数用于衡量线网服务的连续性,说明乘客乘用公交连续的程度(乘客乘用公交的方便性),是公交网络化运输的特性和线网结构换乘特性的综合反映。《城市综合交通体系规划标准》(GB/T 51328—2018)给出的整个网络平均换乘系数为大城市不超过1.5,中、小城市不超过1.3。2011年北京市地面公交平均换乘系数为1.41。

4)运营线路条数

运营线路条数是指城市公交全部固定运营线路条数,包括全日线、早晚高峰线、夜班线,不包括临时线、区间线和专门为机关、学校、工厂、企事业等单位服务的班车线。

一个城市运营线路条数的多少,不仅能反映该城市公交企业的规模,而且反映着城市居民乘坐公交车辆的直接通达程度。从某种意义上来讲,一个城市的公交线路越多,居民出行的换乘次数就越少,方便程度也就越大。

5)运营线路总长度

运营线路总长度是指城市公交固定运营线路的总长度。计算单位是km,计算公式为

$$\text{运营线路总长度} = \sum \text{各条运营线路的长度} \tag{1-5}$$

6）运营线网长度

运营线网长度是指城市公交的运营线路所通过的道路长度的总和，即运营线路总长度减去并行重复线路的长度。计算单位是km，计算公式为

$$运营线网长度 = 运营线路总长度 - 并行重复线路长度 \tag{1-6}$$

7）线网密度

线网密度是指有公交线路的道路中心线长度与城市建成区面积之比，是考核居民乘车方便程度的指标。线网密度越高，理论上乘客出行越方便，公交线路密度过低，会造成步行时间增加。合理的线网密度需要根据城市的功能分布而定。计算单位是km/km^2，计算公式为

$$线网密度 = \frac{运营线网长度}{城市建成区面积} \tag{1-7}$$

8）站点覆盖率

站点覆盖率是指线网的车站服务面积与城市建成区面积之比。站点覆盖率用于考核居民接近公交车站的方便程度。公交车站的服务范围一般指车站合理步行区范围，与居民出行点的分布和通向车站的道路的路径有关。一种简化的考虑方法是，以车站为圆心，以合理步行距离（服务半径）画圆，圆面积即车站的服务面积。《城市综合交通体系规划标准》（GB/T 51328—2018）的规定值：300m服务半径站点覆盖率不小于0.5，500m服务半径站点覆盖率不小于0.9。计算单位是km^2/km^2，计算公式为

$$站点覆盖率 = \frac{车站服务面积}{城市建成区面积} \tag{1-8}$$

9）非直线系数

非直线系数是指公交线路首末站之间的实际距离与首末站之间的空间直线距离之比。

非直线系数主要用于考核线路的设计能否使首末站的主要客流经过最短的捷径，到达目的地。非直线系数的大小，不但与乘客的乘车方便程度有关，而且关系到乘客旅行时间的消耗以及旅行费用的支出。

不同线路有着不同的非直线系数。图1-8所示为3条非直线系数不同的线路形式。

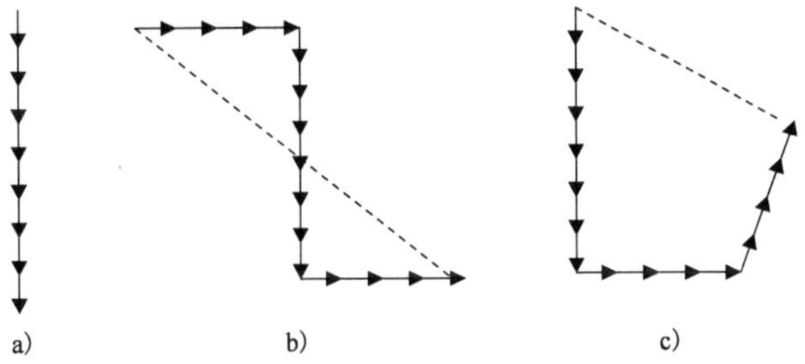

图1-8　三种不同的非直线系数的线路示意图

非直线系数计算公式为

$$\text{非直线系数}=\frac{\text{运营线路长度}}{\text{空间直线距离}} \tag{1-9}$$

注意：

(1)运营线路长度的计算公式为

$$\text{运营线路长度}=\frac{\text{上行起点至终点里程}+\text{下行起点至终点里程}+\text{上下行终点掉头里程}}{2} \tag{1-10}$$

(2)在测定起点至终点的里程时，按进出沿线各站的曲线长度计算。

10)线路重复系数

线路重复系数反映城市公交线路在一定范围内的重复程度。线路重复系数的大小，不仅直接影响居民的乘车方便程度，而且反映该城市道路网布局和公交线网布局是否合理，让运营管理部门在设计线路时，尽可能减少线路的重叠。由于公交线路网络化运营的特性，不同线路通过适当的并行实现必要的衔接换乘，因此重复系数不可能等于“1”。某市某区域内公交线路布设方案如图1-9所示。

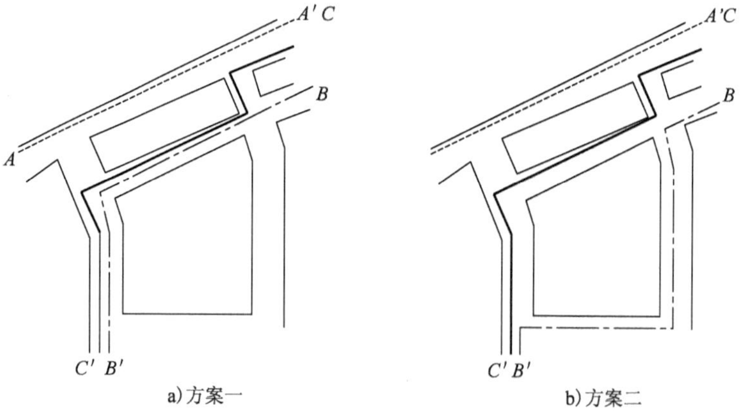

图1-9　某区域内公交线路布设状况示意图

在道路两侧客流分布均匀，道路条件允许公交车辆行驶的情况下，如果在线路的设计上采用方案一，很多乘客都会感到不便，公交的线网密度和线路重复系数也会受到影响。如果采用方案二，情况则会明显好转。线路重复系数计算公式为

$$\text{线路重复系数}=\frac{\text{运营线路总长度}}{\text{运营线网长度}} \tag{1-11}$$

11)线路重复度

线路重复度是指线路任意两两重复站对数量与线路任意两两站对总数的比值。计算公式为

$$P_l=\frac{\sum_{i<j}\gamma_{ij}}{C_n^1\times C_{n-1}^1/2} \tag{1-12}$$

$$\gamma_{ij}=\begin{cases}1, & \text{站点 } i \text{ 与站点 } j \text{ 之间有其他公交线路相连}\\ 0, & \text{站点 } i \text{ 与站点 } j \text{ 之间无其他公交线路相连}\end{cases}$$

三、常规公交线网规划

1. 概述

城市公交系统规划是城市综合交通规划的主要内容，涉及交通发展战略与政策研究、设施建设规划、系统管理规划。由于城市规模和客运管理体制的差异，规划的主体和侧重点不同。通常，城市公交系统规划可分为战略与政策研究、建设规划和管理规划；从规划时限来分，战略规划延伸至远期20年，建设规划考虑5~10年，而改善规划一般为3~5年。仅公交系统的建设规划，可分为公交线网规划、车辆发展规划、场站用地规划和轨道网规划等。

本书主要介绍公交线网规划。线网布局决定公交运营服务的范围，决定线路分布和相互之间的衔接交替。线网规划的水平是衡量公交发展程度、服务能力和运营服务质量的重要标志。

2. 公交线网规划的基本原则

公交线网规划的原则体现在以下几个方面。

1）公交线网规划一定要与城市的总体规划相适应

城市总体规划是一定时期内城市发展的目标和计划，是城市各项建设的综合部署。它的主要任务是确定城市及城市各区域的性质、规模和城市的发展方向，是一定时期城市建设和城市管理的总依据。城市公交是城市基础设施的重要组成部分。因此，只有当确定了城市总体规划后，才能着手制订城市公交的线网规划。同样，制订的城市公交线网规划只有符合城市总体规划的精神和要求，才有可能实施。

2）结构和功能优化原则

建立多层次的线网，提供多层次的服务，才能满足多层次的需求。通过途经道路、线路走向、设站和票价的差别，形成相对大运量轨道交通的中运量公交快线为骨架、走向丰富的普线为基础、便捷的小运量支线为补充的多层次公交体系，最终形成具有多级公交服务结构的城市公共交通一体化系统。公交快线服务于轨道交通不能到达的大客流交通走廊，以快速、稳定性较高为其服务特色；普线作为常规的公交线路，提供高密度、高频率、价格合理、换乘便利的公交服务，是地面公交线网的主体；支线和微循环线则具有站距短、服务灵活的特点，为广大社区居民提供较短的到站距离，并将客流“饲喂”至轨道交通站点、公交枢纽站、换乘中心站。

3）布局优化原则

按照地面公交形成多级网络的思路，形成线网密度与土地开发强度相协调的网络布局,城区形成便利、高效的方格网;郊区形成以放射型线路为主、局部方格网＋环线的多层次接续服务的网络。

4)线路功能与道路等级相协调的原则

公交线网的调整优化应与城市道路及路况相结合。公交快线应主要分布在城市快速干道、城市主干道,形成公交快速客运走廊;公交普线应布设在各级城市道路;公交支线和微循环线则主要布设在支路和社区道路。此外,作为公交快速客运走廊,应从硬件设施、管理手段上进行改进,提高其通过能力与通行速度。

5)线路调整规划与管理相结合的原则

线网调整优化规划还应与公交企业运营管理改革相结合,制订长远发展与调整计划,使企业自身有进行线网优化完善的积极性和内在动力。

3. 公交线网规划的流程

根据规划的理论,结合常规公共交通的特点,可以设计出常规公交线网规划流程图,如图1-10所示。

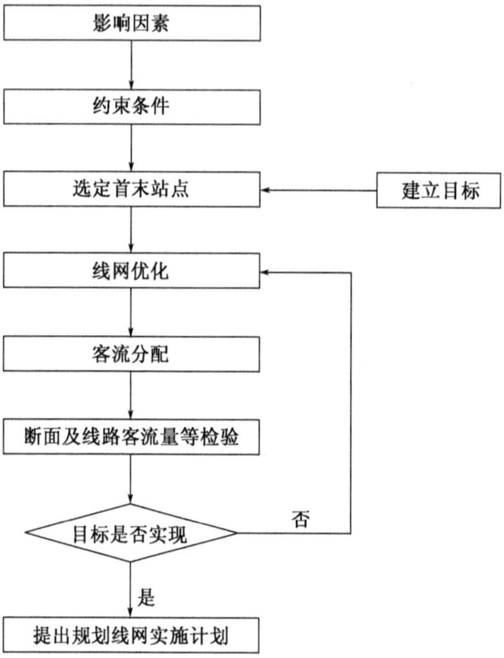

图1-10　公交线网规划流程图

1)线网规划时应考虑的主要因素

(1)城市客运交通需求。

城市客运交通需求包括客流分布和出行路径的选择,它是影响公交线网规划的首要因素。在一定的服务水平要求下,客运需求量大的区域,要求布置的公交线网客运能力较大。理想的公交线网布局应满足大多数交通需求,具有服务范围广、非直线系数小、出行时间短、直达率高(换乘率低)、可达性高(步行距离短)等特点。

(2)道路条件。

对于常规公交线网来说,道路网是公交网络的基础,但并非所有的道路都适合公交车辆行驶,要考虑道路几何线形、路面条件和容量等限制因素。若道路条件较差,如转弯半径过小、坡度陡长、路宽不足时,就不适合公交车辆行驶。可以将所有适合于公交车辆行驶的道路定义为公交线网规划的基础道路网。当基础道路网中有较大空白区时,应对道路网络规划提出反馈意见,以保证基础道路网能满足公交网络布设的要求。

(3)场站条件。

首末站址可作为公交线网规划的约束条件,也可在路线优化后,根据路线配置的车辆确定公交首末站及其规模。

(4)车辆条件。

影响线网规划的车辆条件包括车辆物理特性(车长、宽、高、轴重等)、操作性能(车速、加速能力、转弯半径等)、载客指标(坐、站位数、额定载客量等)和车辆数。考虑其中物理特性和操作性能与道路条件的协调,可以确定公交线网规划的基础道路网。在车辆总量固定的前提下,要实现一定的服务质量(满载、发车间隔),则对线网规模(如线路总长度、线路条数)形成一定限制,因此由车辆总数、车辆的载客能力和路线的配车数可确定路线总数。车辆总数可作为线网规划的限制条件,也可先规划线网,根据路线配置车辆,得到所需的总车数,再考虑车辆总数的控制。

(5)效率因素。

效率因素是指公交线网单位投入(如每千米、每班次等)获得的服务效益,反映线路效益的指标有班公里数、单车日公里数、每车次载客人数、百公里载客人数、百公里收入、每车次收入、运营成本效益比等。它不仅反映路线的运营状况,还反映线路经过地区的客运需求量和线路的服务吸引能力,因此在规划中应特别考虑线路、线网效益因素。

(6)政策因素

城市公交系统与交通管理政策(如交通需求管理、公交优先、服务水平管理、票价管理等)、社会公平保障政策(如照顾边远地区居民、老年人、残疾人出行等)、土地发展政策(如 TOD 模式是以公交为导向的开发模式)等有关。

2)线网规划时约束条件

在上述线网规划原则的指导下,约束条件可分单条线路的约束条件和线网整体的约束条件两类。

(1)单条线路的约束条件包括线路长度、非直线系数、客流不均衡系数、线路站距等线路技术条件,在逐条布线的过程中对线路逐一考虑。

(2)线网整体的约束条件包括线网密度、站点覆盖率、乘客换乘系数、居民出行时耗、公交车辆总量等条件,在线网整体形成或线网评价过程中考虑。

3)公交线网规划的目标

公交线网的规划需以公交乘客分布量(OD 矩阵)为依据,以方便居民出行为目的,兼顾公交企业效益,需考虑的主要目标包括:

(1)为更多的乘客提供服务。

(2)使全体乘客的总出行时间更少,这要求尽可能缩短出行距离、减少换乘次数等。

(3)线路/线网的效率最大。

(4)保证适当的公交线网密度,即良好的可达性。

(5)保证线网的服务面积率,减少公交盲区。

公交线网规划是一个多目标规划的问题,而且各目标要统一考虑。

4)首末站的选取

从利用线路运能的角度来考虑,理想状态下,首末站的选择要结合交通小区内交通发生量或吸引量是否大于中途站线路客运能力,如仅靠设置中间站点不能满足客流量,则应在对应交通小区设置线路首末站,以增加运载能力。此外,在某些大型客流集散地、旅游景点、车站、码头等,即使客流未达到设首末站的标准,也应该设立首末站。但在实际规划过程中,由于场站实际布局的不合理,很难实现理想的线网规划目的。

4. 线网整体布局优化

线网整体布局优化是从整体最优出发对线网进行优化。在实际应用中,常规公交线网优化可通过以下三种方法实现。

1)全网最优的规划方法

该方法将公交线网优化归结为一个纯线性优化问题,以公交网络客流效益最优为目标,其函数往往较为复杂,影响因素和约束条件众多,求解方法烦琐,在实际应用时较为困难,尤其当网络较为庞大时往往难以求解。由于它仅从纯数学角度出发,未能考虑已有公交线网,因此只适用于小规模新型城市的规划。

2)逐条布设优化成网的规划方法(图 1-11)

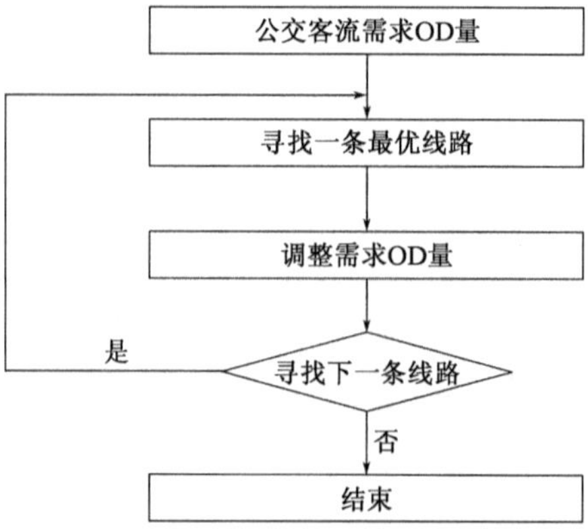

图 1-11　逐步布线法

该方法根据一个或几个指标，在可行线路集中，逐条找出最优公交线路，叠加成网，并通过网络客流分配及一系列检验局部修正完善成网。该法思路简单直观，容易实现。在优化过程中有主观性与经验性的反馈调整。

3)结合现状公交线网的启发式逐步优化方法(图1-12)

结合现状公交网络的启发式逐步优化方法，通过线路的合并、组合和延长等方法进一步优化，并考虑实际条件进行调整。该方法首先考虑基本保留已有公交线路中的合理部分，并进行客流的预分配，然后再对剩余OD量按逐条布设方法布线，最后通过客流网络分配及一系列检验局部调整线路，达到公交线网的优化。对于整个公交线网所有可能布线形式的搜索，计算量太大，难以实现。

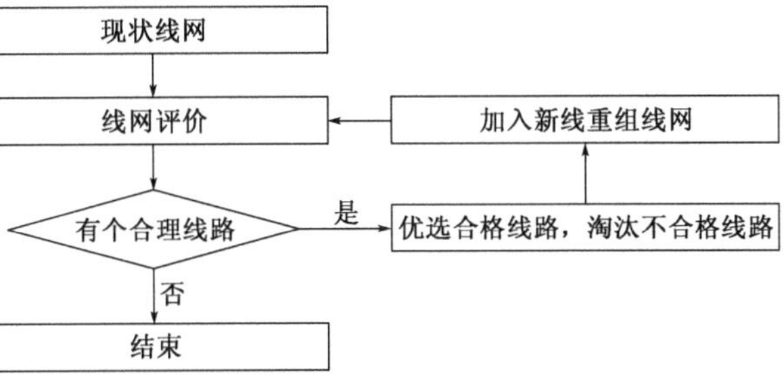

图1-12 结合现状公交线网的启发式逐步优化方法

4)线网再优化

采取上述方法完成线网初步规划后，还需对线网整体进行优化再调整，其目的如下：

(1)对于近期规划，一般只能部分地改变已有线网，即根据优化方案对已有网络进行调整。

(2)线网生成中，由于每次仅考虑一条或几条路线的优化，因此得到的结果并不是线网整体最优。如逐条布设优化成网的规划方法对后布设的路线是不利的，可能成为不良路线。

(3)优化过程中难以考虑全部约束条件，如对整个线网的约束及与客流量有关的约束需在线网客流分配后考虑，由此可能会要求进行线网优化调整。

(4)在交通需求分布基础上进行的网络优化引入了大量的假设条件，得到模型的最优解，而非实际最优解。交通需求同样受线网布设的影响。考虑这些因素也要对线网进行调整。

根据优化调整的目标，可按最差线路调整法和最大改进调整法进行调整，每次可以调整一条线路，也可以调整多条线路(图1-13)。

线路的再优化是指将要调整的线路从线网中去掉，重新搜索优化线路；线路更换是指在备选线路集中选出最适合的线路，代替要调整的线路；线路调整是指将几条线路组合生成新的线路以改进原有较差的线路。综合采用以上方法，用复线(增加运能)、穿城线(增加直捷性)、绕行线(避开不利道路)、改变走向、合并和分段等方法进行线网的调整和优化。

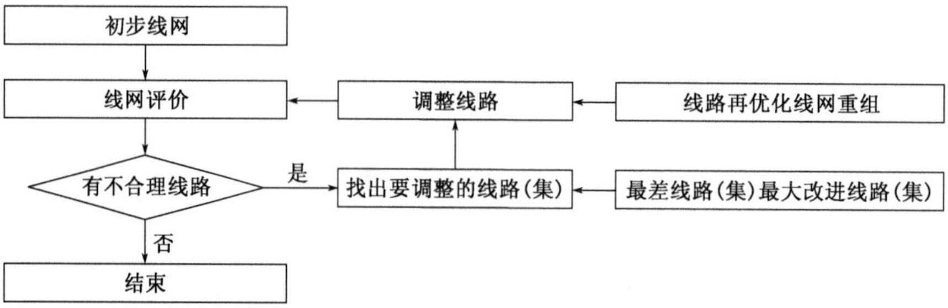

图 1-13　线路再调整的流程

5. 公交走廊公交线路布设与调整

轨道交通、快速公交、城市快速路等重大交通项目规划建设,以及设置全日或高峰时段公交专用道,必然带来沿途公交走廊公交线路的调整优化。公交走廊的公交线路规划和调整主要是考虑常规公交线路与轨道交通、快速公交、专用道之间的关系。公交走廊线路设计一般采用主线—支线配合和直达集束式线路两种方式(图 1-14)。

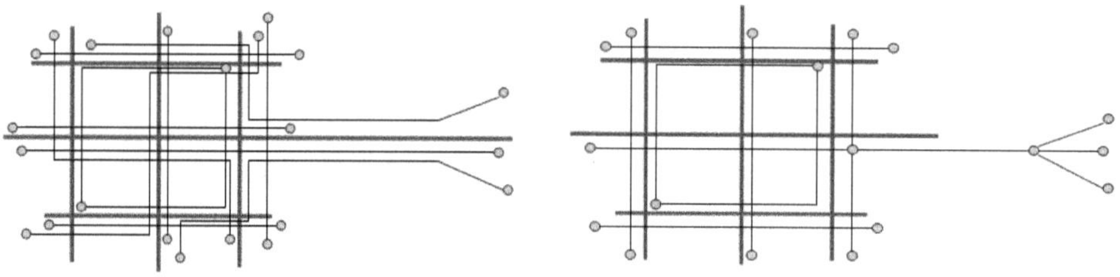

a) 直达集束式设置　　b) 干线与支线配合设置

图 1-14　公交走廊线路设计

(1) 主线—支线配合设置,即公交走廊上的骨干线路在起(终)点处设公交换乘枢纽、转乘支线,骨干线可开设大站快线,保证快速和准时;支线一端可延伸到居住社区、产业园区及临近地区等,可充分利用原有公交线网覆盖面较广的优点。但同时会增加网络换乘次数,乘客有额外的换乘候车时间,须采取提高走廊上线路车速、控制换乘距离、增加换乘票价优惠等措施予以补偿。

(2) 直达集束式设置,即在走廊上设计一组公交线路,不同目的地的直达线路,离开走廊后发散行驶。其优点是在大客流通道上提供了既可集中服务又可分散直接进入社区,乘客无须换乘,使得客流直达率不下降;缺点是客流走廊上线路复线系数高、对社会交通影响较大(表 1-2)。

两种模式优劣对比　　表 1-2

优劣对比	重复	换乘	出行费用	运输效率	对社会交通影响	组织管理	规模效益	占用道路资源
直达集束式	高	少	少	较低	较大	容易	低	较多
干线-支线式	低	多	增加	较高	较小	难度大	高	较少

两种骨干线路的设计方法各有优缺点，应结合公交走廊的沿线人口密度、客流出行需求和已有线路状况灵活应用。

1）走廊上合理线路规模

城市公交客流走廊集中了主要的公交客运量，往往需要布设多条公交线路共同提供服务。由于客流量在时间和空间上的分布不均，设置公交线路数过少，不利于服务的便捷性和服务水平；布设线路数过多，尽管直达客流比例提高，但是车辆到站的不均衡性会影响运行秩序和效率，影响走廊客运能力的发挥。

2）公交走廊线路调整方法

公交走廊以布设速度快、运能大的公交骨干线为主。以通勤为主要客流特征的公交走廊对公交的速度和运力要求较高，线路站距应适当加大；以商业娱乐为主要客流特征的走廊，对公交的便利性要求较高，线路站距可适当缩短。

（1）走廊上已有轨道交通。

对于已布置轨道交通的客流走廊，应以轨道交通为主体，强化地面常规公交的集散功能，扩大轨道交通辐射范围。根据轨道运能能否满足走廊客运需求，分两种情况进行分析：

①轨道运能大于走廊客运需求。走廊上中长、距离的客流由轨道交通运送。与轨道复线或走向平行的公交线路应合并或撤销，保留 2～3 条线路为较短距离的出行服务，满足多样化的公交需求。在与轨道相交的方向上，调整线路走向使车站与轨道站衔接，也可以增加接驳线路连接邻近的居住区。

②轨道运能略小于走廊客运需求。在某些区段或特定的时期，可能出现轨道运能不能完全满足需求的情况。考虑轨道剩余客流，保留一些客运量较大并且稳定的线路，以满足客运需求。走廊上线路设站应使之更好地为轨道交通服务。在与轨道相交方向上，线路调整方法同上。

（2）走廊上没有轨道交通。

走廊上没有轨道交通，要对公交走廊上的线路运行情况进行综合分析，确定调整方案。

①通过已有客流空间分布、线路走向掌握线路在该走廊的功能定位，优先保留客流断面分布相对均匀且交替量大的线路，优先保留与周边路网形成主要衔接关系的线路，以形成该走廊的骨干线路。

②分析全区段上客流断面的不均衡性，适当设置分区段并行的线路平衡客流，从而提高运输效率，减轻运营组织的困难。

③根据走廊周边实际接驳换乘条件，通过优化整合功能重复的线路，增加短途接驳吸纳路，提高运力资源使用效率，完善周边地区与走廊骨干线路的接驳功能。

第二节　线网优化及实施步骤

企业层面的公交线网实施性规划主要有以下两项：

(1)线路规划和站点设置。一般情况下，新设线路计划和已开设线路的调整由企业提出，经行业主管部门和交通管理部门批准后实施。

(2)公交线网优化。根据公共交通的管理模式，企业参加或由企业负责提出线网优化规划。

一、制订年度开调线路方案

按照政府主管部门的线网规划原则、指导精神和实施要求，重点结合年度大型交通项目的建设计划，大型社区、产业区、公交场站的竣工计划，制订年度开调线路方案。方案中要阐明线路的具体走向及中途站位设定的初步意向。

二、实施程序及有关协调工作

1. 审批程序

制订线网规划是公交线路的新开、调整和延长的重要环节。合理设置和调整公交线路是优化调整公交线网的主要任务。公交线路设置规划由政府规划和运输主管部门主导、企业积极参与。其业务流程是，在政府主管部门的协调指导下，由交通运输管理、公安交通管理等部门批准后完成。此外，财政部门对开调线进行备案，在年底调整财政补贴中予以考虑。对于北京来说，各有关管理机构和企业的职责如下：

(1)北京市交通委员会(以下简称"市交通委")是政府公共交通的行业主管部门，对公交线路开辟调整、延长、撤销的过程起主导作用，主要审查企业上报的线网规划方案是否符合政府总体规划要求，对既有乘客及线网的影响，以及公交线网变化与轨道交通网的关系。

(2)北京市公安局交通管理局(以下简称"市公安局交管局")是公交线路路由、设站的审批部门，主要审查开调线路对道路社会交通的影响。

(3)北京公交集团作为首都大型公共电汽车经营企业积极参与全市公交线网优化、公交线路新开、调整、延长工作。北京公交集团线网中心是组织线路新开、调整工作的主管部门，负责指导、协调、监督线路新开、调整工作。各客运分公司负责需求调研、制订方案、形成请示、采集基础数据等前期工作，在获得批复后按照业务程序落实。

2. 业务程序

审批流程以外的工作一般有如下业务程序。

1) 预测客流

客流量是新开线路的主要依据。在规划线路时,要对该线路将产生的客流量进行调研和测算。开线前掌握客流量的途径包括如下:

(1) 对现有线路的乘客进行起、止点调查。通过 OD 调查可以了解和掌握主要客流方向,利用 IC 卡数据可以得到各站乘降量,从而推算出各断面客流动态。

(2) 通过走访人大代表、政协委员、沿途单位、居民小区深入了解乘客的需求,掌握客源和客流方向变化。

(3) 通过信访渠道,分析人民来信、来电、来访的建议。

(4) 结合道路建设、轨道交通建设和火车站、商业区、金融区、办公区、产业基地的建设,不断更新线路的新开、调整延长方案。

2) 新开线路客流条件

对于市区线路,高峰小时主要客流方向最大断面的客流通过量一般应不低于 500 人;对于郊区线路,高峰小时主要客流方向最大断面的客流通过量应不低于 300 人。

3) 确定线路首末站

线路的首末站应满足实施调度、车辆掉头、驾驶员和乘务员间歇等功能。因此,线路的首末站要有可供车辆掉头的场地。

确定线路首末站时,应考虑的因素包括:

(1) 首末站应设置在主要客流方向的终结点上,否则会造成多数乘客的换乘或车辆使用上的浪费。

(2) 首末站若设置在大型公共建筑物附近时,应与场、馆同一侧为宜,可使上下车的人流不必横跨交通干道,以免影响道路交通。

(3) 在新建的居民小区,视规模大小,分别设置一条或几条线路的首末站。首末站的设置既要考虑符合客流方向,减少步行距离,又要避免干扰居民,一般应设在远离市区的小区边界范围,使公交线路途经小区,方便居民乘车。

(4) 随着城市用地日趋紧张,今后首末站主要发挥车辆的到发作用。因此,线路在首末站的驻车用地会越来越小,往往出现首末站与驻车场站异地的情况。这时首末站的设置要考虑尽可能减少车辆空驶。

4) 确定线路走向

确定线路走向时应考虑以下几方面因素:

(1) 线路走向应满足该线沿途主要客流的流向。一条公共交通线路,若能使该线路车辆在所途经的各个断面基本上达到均衡满载,无疑是一个极大的节约。但客观上又不可能满足沿途所有客流不同的出行目的地,只能根据大多数乘客流向规划线路走向。

(2) 线路走向应与整个公交线网相结合。在线路设计上还必须考虑尽可能减少线路重复路段,扩大线路网覆盖,增加线路网密度,以便市民出行。这要求在满足主要客流方向的同时,尽可能选用其他路段,采取分流形式,达到运送乘客的目的。例如,在同一街道上的线路设置,要视客流量而定。如果在同一街道上线路条数过多则每条线路的实际客流量就会减少,车辆配备也会相应减少,行车间隔就会加大,乘客的候车时间也会加大。

(3)线路走向应尽可能避免迂回行驶。一条线路初步设计出来后,在确定线路走向时,兼顾线路覆盖面和线路直线系数,尽可能避免线路迂回。迂回行驶的线路看似服务的小区、单位多,但由于通过路口多、绕行距离远,造成出行时间长、间隔没有保证,从而丢失客流,易产生各类服务投诉。

(4)运营车辆所行驶的道路应具备最起码的安全通行条件。道路条件优劣对公交的线路设计往往起着决定性的作用。经常遇到这种情况:一些地区的群众反映该地区没有公交线路,从客流量的预测来看,该地区也已达到开线标准,只因为通往该地区的道路或窄或起伏过大,或是弯度大小等原因影响了公交线路设置。市区线路一般要求宽度不低于9m,原则上讲道路坡度一般应不超过3.5°,道路弯度原则上应不小于90°。线路行驶道路应通过公安交通管理部门认定验收,路面平整,无坑洼积水,无私自设置不符合交通法规的减速带,道路限高3.5m以上,视野良好,具备良好的夜间路灯照明条件;与周边现有路网形成有效衔接,符合公交车双向通行要求;要确切地了解和掌握途经桥梁的承载能力;要求必须确保公交车辆自重加满载后的重量能安全通过。无人看管的铁路平交道口应避免铺设公交线路。

5)确定线路长度

线路长度的确定既要根据一个城市的面积和客流分布状况,以及已有线路的乘客平均运距来确定,也要兼顾驾驶员的劳动强度和工作量的安排。

(1)线路过短。运营调度的组织工作虽然简化,但会给乘客增加倒乘的次数。同时,车辆利用率也会降低,浪费人员和停车场地,还会加大企业的成本开支。

(2)线路过长。换乘点丰富,乘客会感到乘车方便。但是,公交车辆运行过程中受到各种交通情况影响较多,运送速度、准点率、行车间隔难以保证,很可能因中途某一堵车点,造成运营秩序的混乱,容易导致各个区段客流的不均衡,运力安排和调度管理难度大。

从北京北京公交集团今后的发展来看,由于线网已经比较发达,新开线路的重点是支线和微循环线,接驳轨道交通和地面公交骨干线路。

6)确定线路中途设站位置

(1)确定合适的站距。一般市区站距控制在400~600m范围内较为合适。郊区站距应因地制宜。

(2)选择中途站址。在平均标准的设站距离的基础上,具体设站时要根据实际情

况来确定。关于站点的选择,应尽可能靠近大的集散点或路口,以方便乘客乘车或换乘。设站具体操作要考虑以下几个因素:

①要有利于车辆进出站,以确保安全。道路狭窄的路段双方向的车站应尽可能错开位置,错开距离宜不小于50m。以免车辆同时到达时,影响道路通行。站位应避免设在坡道上。

②在平面过街的路段,尽量将站位设在人行横道(行车方向)前面,以引导乘客下车后从车后过街。

③交叉路口附近设站应在路口50m以外。机动车流量不大的道路上,公交客流量较大的车站可适当靠近交叉口。凡有交通管理部门设置的快慢车导向标志的路口,应尽量过路口后设站。

④在快速路上,设站应配套建设专用公交站台和过街设施;应避开加减速车道,宜设在距出入口100m以外处。

⑤同一地点的站位排列顺序是:无轨电车在前,公共汽车在后;主要线路在前,辅助线路在后;小型车线路在前,大型车线路在后;同方向的线路原则上应合并设站。

⑥快车和区间车要尽量使用本线路车站。必须分站时,同一站位的站距不宜超过100m。

⑦车站应安排在乘客有候车条件的位置,优先选择道路沿途已建成的公交港湾处。

(3)站名的确定。站点命名要明确。依据《北京市地名管理办法》,原则上以地名为主,知名度高,尽可能不使用单位名,不使用商业机构命名,不与既有站名重复,不单独使用通名,在大的路口、立交桥、区分方位,尽可能简短。对于与既有站位并站的要与已有站名一致,避免一站多名。《城市公共汽电车客运服务规范》(GB/T 22484—2016)对线路和站名命名原则及方法规定如下:

①法理性:公共汽电车的站名要依据法律法规,以地名为主。

②适用性:方便乘客出行、方便城市公共汽电车企业管理。

③准确性:指位明确,导向无误。

④唯一性:全市范围内不重名。

⑤方便性:简单明了,易读、易懂、易记。

⑥稳定性:不因社会情况的变化而变化。

⑦延续性:保证尽可能多的现有名称继续使用。

7)确定线路的营业时间

原则上线路的营业时间应根据客流特点,因线制宜,予以安排,但在实际操作过程中应注意把握以下原则:

(1)根据线路客流时间特征确定具体线路的营业时间。郊区进城线路首车时间应早于市区线路,进城方向营业时间应早于出城方向。商业区线路首末车时间应相对较晚。高峰线应根据服务的区域和客流特征,按照客流高峰时段制订相应的营业时间。首末车发车时间应是整点或半点。

(2)市郊线路的营业时间应考虑合理的衔接,即早晨市区线路的首车到达终点时,郊区线路的首车应做到相应发出。同理,晚间郊区线路的末车到达之前,市区线路的末车不应发出。

(3)在一定区域范围内,各条线路的营业时间应相对一致。在同一公交走廊上并行的线路,营业时间可形成梯次。

(4)新开线路的营业时间开始可以留有余地,暂不一步到位。

北京市公共电汽车执行的标准,按照营业时间可划分为全日线、高峰线、夜班线。

①全日线营业时间。市区线路一般在5:00—23:00;郊区线路一般在5:30—22:00,较长的放射型郊区线路,进城方向首车可提前到5:00,出城方向末车可提前到21:00,全日线营业时间不应超过24:00。

②夜班线营业时间:首车应与全日制线路的末车相衔接,末车应与次日全日制线路的首车相衔接,一般为23:20—次日4:40。

③高峰线营业时间。根据线路运营时间确定。

8)确定线路编号

关于线路编号,全国各城市都有各自的编号方法。例如,北京北京公交集团实行的编号规则为

(1)1~199路、300~799路为公共电汽车市区线路。

(2)800~999路为远郊区线路。

(3)“特”字头为双层车线路。

(4)“专”字头为区域接驳支线和微循环线。

(5)“夜”字头为夜班车线路。

(6)“临”字头为临时线路。

(7)“快速公交”字头为快速公交线路。

随着近年来北京公交集团线网的快速发展,路号资源已基本饱和,采取了“特”“专”“临”“夜”“快”“支”“C”“F”“H”“M”“T”“Y”等汉字或字母加数字的方式来描述路号,暂时缓解路号资源不足的问题。

9)确定线路的车型和配车数

(1)选择车型的标准。

①高峰小时最大断面客流量在500~1000人以内的线路,一般应选择单机车型。

按70%的满载率标准配车,该高峰小时最大断面所需运力应达到710~1430人。单机车的定员一般为80~95人。因此,小时车次为8~18次,平均间隔3~8min。

②高峰小时最大断面客流量在1000～3000人以内的线路，一般应选择通道车型。按70%的满载率标准配车，该高峰小时最大断面所需运力应达到1400～4300人。通道车的定员一般为140～180人。因此，小时车次能安排8～31次，间隔2～8min。

③高峰小时最大断面客流量在3000人以上的线路，一般应考虑为其开辅线，否则线路行车间隔小于2min时，行车秩序将很难维持。

④高峰小时最大断面客流量在6000人以上的线路，应考虑采取其他大型客运方式（如轻轨、地铁等）予以解决。

（2）配车数的确定。

配车数应根据已经掌握的客流资料，并考虑道路通行情况预测初期配车数，然后在运行过程中不断调整、完善。一般情况下，除客流因素以外，还需考虑极限行车间隔，一般的线路原则上高峰时段发车间隔应保证5min以内。

第三节　线网优化实例

一、近年线网优化的背景

2013年以来，北京市城市建设快速发展，中心城区非首都功能疏解，城市功能布局和人口空间分布发生变化。轨道交通的快速发展并成网，滴滴、摩拜等多种出行方式的兴起，小汽车数量的持续增长，都影响着城市的整体出行结构，对地面公交客运市场造成极大分流。另外，财政补贴的趋紧、场站资源等限制促使北京公交集团通过线网优化实现资源合理配置。这些原因具体情况如下。

1. 轨道交通迅速发展成网

2009—2018年，北京轨道交通里程从228km增长至637km，轨道交通日均客运量由390万人次增长到1069万人次。到“十三五”末期，北京轨道交通的总长度将达到1000km，中心城区轨道交通站点750m覆盖率将达到90%以上（表1-3、表1-4）。地面公交与轨道交通均利用社会资源提供公益性服务。为了合理利用有限的社会资源，政府不可能无限制地既快速发展轨道交通又持续地增加公交投入。对于以通勤客流为主的公交，一方面是轨道交通的迅猛发展，另一方面是交通拥堵对地面公交运营效率的影响。以出行时间和出行效率为先的通勤客流以及长距离出行的客流势必优先选择轨道交通出行，成为地面公交客流量下降及客流结构变化的最主要原因。

北京地铁 2009—2018 年线路里程表　表 1-3

年份(年)	地铁线路总里程(km)	同比上一年增长(%)
2009	228	—
2010	336	47.37
2011	372	10.71
2012	442	18.82
2013	465	5.20
2014	527	13.33
2015	554	5.12
2016	574	3.61
2017	606	5.57
2018	637	5.12

北京地铁 2009—2018 年客运量情况　表 1-4

年份(年)	日均客运量(万人次)	同比上一年增减(%)
2009	389.78	—
2010	505.88	29.8
2011	600.77	18.8
2012	672.57	12.0
2013	878.00	30.5
2014	927.86	5.7
2015	910.63	-1.9
2016	1025.70	12.6
2017	1035.00	0.91
2018	1068.92	3.28

2. 多种出行方式对出行选择产生影响

近几年,众多互联网电商平台进入客运市场。这些民营资本公司(如滴滴、摩拜、ofo 等)通过各种投融资渠道获取大量资金,初期低价的营销方式一度影响了客运市场的运营秩序,带来一定的竞争压力。

3. 疏解城市人口带来出行分布变化

随着北京疏解非首都功能,相关产业和低端业态陆续疏解出北京,中心城区的人口也在逐步外迁。在此背景下,城区内地面公交的客运量会随城市人口总量的减少而下降。伴随人口从中心城区向郊区的疏解转移,郊区及新建地区亟待解决公交基本服务问题。在轨道交通加快建设增量供给的背景下,要求地面公交按照减量发展的理念,通过线网优化开展供给侧结构性调整,坚持"城优郊进"线网发展战略,从客流下降、线路相对冗余的中心城区调剂出运力资源,满足郊区及差异化出行需求,以适应客流的变化和城市发展需要。

4. 重点任务的要求

近几年,来自中央、北京市的关于线网优化相关的重点任务逐渐增多。例如,香山及颐和园东宫门场站腾退、副中心建设、国贸疏解整治、"回天计划"、王府井步行街延长、全市一级堵点治理等任务，对线网优化工作的要求标准高、时间紧、目的性强，区域性优化逐渐增多，一定程度上增加了线网优化工作的不可控性。

5. 财政补贴趋紧促使北京公交集团通过线网优化实现资源的有效配置

一方面，政府部门和广大市民要求增加公交覆盖，方便出行，提供更高标准的出行服务，满足广大市民不断延展的出行需求。另一方面，政府部门又要求公交企业减少支出，控制补贴的增加，在财政补贴方面不断收紧。这就要求北京公交集团通过供给侧改革，利用减加结合的方式实现资源的再分配、再优化。

6. 场站资源的缺失带来线路被迫调整

由于公交场站规划实现率低，长期以来依托大量的临时租用场站或采用路侧停车的方式支撑线路运营，场站用地很不稳定。2016—2019 年，北京已有 30 余处场站被腾退或收回，由此带来 50 余条公交线路的被迫调整。一处公交场站往往涉及多条线路，影响周边区域市民出行。为了维持基础出行服务，不造成该区域公交服务的结构性坍塌，需要通过一揽子线路调整安排，化解场站缺失带来的运营组织问题。

7. 其他因素

北京为缓解交通拥堵，先后实行了机动车尾号限行和 7 座以下小客车摇号限购政策。但通过摇号获取购买指标，小客车仍以每年 24 万部的速度不断递增。购买到小客车的市民势必改变原有的公交出行方式，引起客流需求的变化。随着互联网电商和快递业的快速发展，越来越多的市民通过互联网平台购买所需商品，而不再前往商场、超市等实体店，既冲击了实体商业，也减少了地面公交的商业客流。此外，随着旅游业的快速发展，旅游行业围绕"吃、住、行、游、购、娱"的全产业链早已形成非常成熟的旅游产品，来北京的外埠游客不再依靠公交出行游览，而本地市民近年来多以自驾游为主，带来了地面公交旅游客流的需求变化。

因此，北京公交集团在资源总量不增的前提下，持续通过线网优化的方式，逐渐剥离市区重复线路、与地铁并行的线路，来满足历史各阶段开新线、夜班线、多样化等增量需求的资源供给，消化财政趋紧、场站流失等带来的资源缺口。未来一段时间，地面公交线网优化工作还将不断持续，直到城市发展相对固化，轨道交通规划得到落实，城市建设进入平稳阶段，客运市场相对稳定。

二、线网优化的思路及方法

1. 线网优化工作整体思路

为适应内外部环境的变化，更加科学、合理地开展线网优化工作，北京公交集团进行线网优化顶层设计研究，制订线网"十三五"发展规划，确定"城优郊进"的线网发展战略,提出"减重复、增覆盖、便接驳、提运速、推进微循环、丰富多样化"的具体工作思路,进行供给侧结构性改革,优化资源配置,改善运输效率,满足乘客出行需求。

(1)坚持"城优郊进"的发展战略。结合城市建设、区域差异和地铁发展,从客流下降、线路相对冗余的中心城区调剂出运力资源,满足郊区及差异化出行需求,以适应客流的变化和城市发展需要。

①四环内主城区地铁网络持续加密,既有公交骨干线、普线网络发达,公交线路以削减线路为主,辅以新开支、微线路。

②四环至六环区域重点发展地铁放射线路之间的纵向公交接驳工作和区域间圈层切向线路。同时,依托中心城外围主要交通走廊,构建横向跨区线路,加强外围城市发展新区之间的快捷交通联系。

③六环外郊区新城形成"以公交普线为骨干,以支、微循环线路为基础"的公交网络;郊区新市镇形成"以公交骨干线为骨架,区域线为主体"的公交网络。

(2)围绕减重复。优化与轨道交通并行线路及地面公交重复低效线路。

(3)围绕增覆盖。利用减重复节余的资源,解决新建道路、新建居民小区及产业园区乘客的出行需求,拓展线网服务范围。

(4)围绕便接驳。结合轨道交通建设规划,提供轨道交通新线接驳服务;结合既有轨道交通接驳条件改善,提升与轨道交通接驳的服务水平,促进两网融合发展。

(5)围绕提运速。推动公交专用道施划、公交示范走廊建设,依托专用道、快速走廊,提高地面公交运送速度,增加公交吸引力。

(6)围绕推进微循环。随着地面公交乘客出行距离、出行特征的变化,承担出行始末端服务的公交支微线路是未来发展的重点,围绕新建小区、产业园区、轨道交通周边以及地面公交线网末梢,针对共享单车陆续停运退潮,争取更大的短途客流,高质量发展公交支微线路,不断完善线网结构。

(7)围绕丰富多样化。针对市民对高品质、差异化出行的需求,利用"互联网"技术,完善定制公交平台,充分发挥载体与平台功能,提供增值服务,在运营服务的载体上赋予新的价值,创造引领新需求。

2. 线网优化的具体操作方法

为了更加科学、合理地优化公交线网,不断总结线网优化工作经验,结合"互联网""大数据"等新技术的发展应用,形成指导线网优化的具体操作方法。

(1)在线网优化方案制订和客流分析阶段,以需求为导向,与城市发展战略、北京市城市新总规、北京市"十三五"规划、交通运输行业管理政策的方向相一致。按照北京市缓解交通拥堵行动计划,在市政府成立的工作专班的统一部署下,满足缓解交通拥堵,提升交通综合治理水平、营造良好交通环境的需要。满足两会提案建议、交通服务热线、12345 非紧急求助热线、政风行风热线、公交微博、微信等渠道,以及走访街道、进社区、上站台等多种方式广泛征集的乘客需求。依托“大数据”技术手段,结合现场踏勘,重点考虑受影响路段的乘客出行感受,结合外部条件(包括道路通行、设站)以及企业自身资源条件(包括场站布局及驻发车能力、劳动力结构、车辆及能源结构),慎重确定新路由及站位,遵循《城市公共汽电车客运服务规范》(GB/T 22484—2016)、《公共汽电车线网设置和调整规则》(GB/T 37114—2018)、《公共汽电车站台规范》(DB11/T 650—2016)及市公安局交管局关于公交站点设置的要求,制订科学、严谨的线网优化方案。

(2)在方案实施阶段,在广播电视等媒体,线路沿线站点,企业网站、微博、微信等网络平台提前发布公告信息;运营单位和车队针对重点社区、单位提前进行走访,做好宣传引导工作,密切关注实施当天和后续运行组织过程中的乘客意见,及时追踪社会反响。

(3)在后期完善阶段,对新开、调整、延长线路运营情况跟踪调查,并收集各类反馈信息,及时调整运力配置,完善运营组织,做到线网优化工作平稳过渡。

公交线路优化调整主要包括新开、调整、撤销三种。

1)新开线路

新开线路原则上以新开发区域、线网未覆盖区域为主要服务对象,围绕道路建设、中心区减重复、地铁站点接驳、地铁纵向连接等开展工作。四环内严格控制新开线路,新开线路以接驳地铁、骨干线路的微循环线路为主;四环外新开线路以支线和微循环线路为主,具备客源的可新开骨干线、普线。

新开线路具备一定客源。新开线路进行客流预测和试运行,骨干线和普线高峰小时最大断面客流通过量一般不低于400人,支线和微循环线高峰小时最大断面的客流通过量一般不低于100人。在居民数量超过7000人且配套建设公交场站的居民小区,原则上以该小区为首站开辟或调整公交线路。

新开线路原则上与既有线路服务站对重复度不超过40%。线路走向与主要客流方向相一致,优先满足大客流需求。具体站点布局与需求点相匹配,形成线路上的主要连接点。

新开公交线路充分考虑与周边地铁站点与公交枢纽、大型居住区(规划人数超过10000人)等相衔接。道路在新建过程中充分考虑公交线路设站和进站条件,大型居住区在建设过程中结合未来居住人口设置相应规模的公交场站(1000人对应$1000m^2$)。

2)调整线路

调整线路与城市规划、综合交通规划、公交规划相协调,现阶段主要在城市中心城区范围内进行调整。

调整线路包括延长、缩短、调整中途走向等方法。

公交客运走廊上,通过线路调整,逐步形成“快、普、支、微”四级线网体系,逐步从普线调整中分离出支、微循环线路,条件成熟时部分普线升级成骨干线。调整线路以均衡客流需求与服务供给为主,确保不产生新的服务空白区域,确保线路主要服务路径不丢失。

线路调整后,原线路客流中,替代线路或一次换乘无法解决的客流不高于全线客流的30%。对于存在独有走向的路段,且双向全日断面通过量之和大于1000人次的,不对线路独有走向进行调整。如线路确有必要调整,辅以其他线路的配合调整或配合新开公交支微线路,弥补服务空白和服务路径。

线路总长度80%与其他线路重复,且其余部分有其他线路覆盖的,对重合部分进行调整。由于场站丢失等特殊情况引发的被动调整,要尽可能保留原线路的主要走向。

与地铁同向连续共站3站及以上的公交线路,线路的平均乘距小于5km,地铁的服务能力已经达到饱和的情况下,原则上保留1~2条线路,作为应急备用线路,满足乘客基本出行;地铁服务能力能够满足客流需求时,调整走向,加强与地铁的横向沟通。

当新建地铁、枢纽站投入运营时,周边公交线路进行适当调整,使得各层级公交线路之间、公交线网与地铁之间可衔接配套,发挥地铁骨干作用、枢纽客流集散功能。

新建道路交付使用后、断头路打通等情况下,通过调整线路优化区域内线网,填补服务空白。

3)撤销线路

达到以下条件的线路考虑撤销:线路百公里人次低于100人/百公里时,且所经主要路段有其他线路覆盖的;线路与地铁复线路段达到70%且地铁运能充足;线路总长度80%以上与其他线路重复,或者经过其他线路主要客源段且首末站点相近的复线。

线路撤销后确保不产生新的服务空白区域,确保线路主要服务路径不丢失。线路撤销后,原线路客流中,替代线路或一次换乘无法解决的客流不高于全线客流的30%。对于存在独有走向的路段,且双向全日断面客流通过量之和大于1000人次的,线路撤销后须辅以其他线路的配合调整或配合新开公交支微线路。线路撤销后,分担其客流的主要线路确保运力,满足乘客正常出行。

对于1978年前开通且至今路由无较大变化的线路,原则上予以保留,但当线路达到撤销条件,确有必要撤销的,原则上将原有路号用于相同区域的主要线路上。

三、线网优化的目标

北京公交集团通过公交线路将公交车辆、驾驶员及乘务员、公交场站等生产资源组织起来，为市民提供公共出行服务，因此，线网优化其本质上是对公交运力资源进行调配的系统工程。对于市民来说，线网优化关乎每个个体的出行体验；对于政府来说，线网优化关系到城市交通基础保障水平、服务能力，并与购买服务的补贴相关；对于企业来说，线网优化必须从实现满足全市市民出行需求、服务城市发展战略、适应生产组织需要等方面统筹安排。线网优化工作就是不断寻找适应市民出行需求、交通环境变化、城市发展需要、企业生产组织的动态最优解，力争实现市民出行便捷、政府财政可负担、企业发展可持续的目标。

以客流走向、线网合理布局、运力资源高效利用为依据，运用已有的 IC 卡客流、行车计划、行车记录等大数据资源，并辅以客流调查手段，优化调整线路，使整体线网更加科学合理。到"十三五"末期，力争实现"结构清晰、功能明确、层次分明、覆盖全面、衔接合理、换乘方便"的"快""普""支""微""多""夜""郊"线网体系。发挥快线网的骨架作用，提供长距离、大客流的快捷出行服务；发挥普线网的基础保障作用，提供区域间中短距离的出行服务，丰富线路走向；发挥支线、微循环线网的末端延伸作用，服务区域内部出行及接驳换乘需求，保障通达性。丰富多样化的公交服务品种，依托定制公交平台，实现"公交＋互联网"的发展模式，打造高品质、集约化的多样化公交体系。夜班线网布局更加合理，火车站、副中心、夜间出行需求热点等地区保障更为充足。郊区县区域内及横向跨区线路覆盖进一步增加。通过构建以上线网体系，实现以下目标。

1. 实现乘客出行方便快捷

中心城区通过一次换乘能乘坐公交骨干线、地铁。在已开通地铁的远郊区至少有一条公交骨干线到达四环周边；在没有开通地铁的远郊区根据客流强度和公交线路承载能力合理配置到达三环周边的骨干线；郊区新城通过地铁网络或公交骨干线通过一次换乘进入中心城区；郊区具备符合公交车辆通行道路条件的行政村原则上可直达乡镇中心。

2. 实现交通体系集约高效

各种公交出行方式的比较优势充分发挥、分工合理，地铁和公交、不同等级公交线路之间协同运输、高效换乘衔接，形成运行高效的网络化出行，通过减少重复线路，增加线网覆盖，实现资源均衡配置。实现地面公交网和轨道网的协同发展，逐步形成以轨道交通为骨干、地面公交为支撑的公交服务体系。

3. 实现企业使命愿景

以线网优化为启动器，围绕线网优化和生产组织方法，实现企业资源的重新分配和再平衡，使整体线网布局更加合理、有序。推动公交专用道、场站、车辆、政策等保障措施的落实，助力"让更多的人享受更好的公共出行服务"企业使命，巩固北京公交集团的国内领先地位，向国际一流公交企业靠拢，引领现代化公交系统的发展与变革。

四、北京公交集团线网优化的成果

考虑线网优化的影响因素,按照线网优化的思路和方法,北京公交集团开展大量的线网优化工作,优化资源配置,改善运输效率,满足乘客出行需求。2016—2018 年,累计优化线路 475 条。其中,新开线路 74 条,调整线路 283 条,撤销线路 63 条,调整营业时间 55 条。在运力资源总量基本不变的情况下,通过线网优化减少重复线路长度 1899.3km,减少重复设站 4205 个,解决 258km 公交盲区覆盖,方便 1010 个小区居民出行。线路长度由 19516km 减至 18583km,线网长度由 4681km 增至 4938km。已初步形成"结构清晰、功能明确、层次分明、覆盖全面、衔接合理、换乘方便"的"快""普""支""微""多""夜""郊"线网体系。

1. 形成高效快捷的骨干线网

100 余条线路组成的骨干线网,线路长度约 5500km,日均服务约 150 万人次出行。尤其是 2017 年降本增效供给侧改革的实施,按照"一街一骨干"的思路,对全市的大客流走廊线路进行梳理、优化整合,初步形成了东南西北各方向骨干线路格局。2019 年,结合各专班工作组推进情况,继续完善并组织实施回龙观东西大街、北苑路示范走廊线网优化。此外,依托中心城外围主要交通走廊,构建横向跨区线路,加强外围城市发展新区之间的快捷交通联系。

2. 形成覆盖全面的普线网

400 余条线路组成的普线网,线路长度约 11000km,日均服务约 500 万人次出行。经过近年来的不断优化,普线网重复逐步减少,线路走向更为丰富,覆盖较大客流出行方向,承担相邻地区的客流运输任务,沟通各客流集散中心,连接不同方向的轨道交通线路和地面公交快线网。未来将继续依托快速、主干路网,明确主要干道的骨干线路,将普线升级为快线;整合重复线路,对撤销线路的独有走向,优先开行微循环线路,实现普线向支微线路的转移。

3. 形成末梢延伸的支、微线网

300 余条线路组成的支、微线网,线路长度约 4000km,日均服务约 150 万人次出行。其中,专字头微循环北京线路由初期的 19 条增至 100 余条,得到了较大发展;对于增加新建小区、道路的线网覆盖,提升与轨道交通的接驳服务发挥了较好效果。2014 年起启用 6m 纯电动车辆开行微循环北京线路,标志着北京公交集团车辆向小型化发展。截至 2019 年支微线路规模与"十三五"规划的目标仍存在一定差距,未来一段时间,将继续围绕新建小区、产业园区、轨道交通周边以及地面公交线网末梢,开行微循环线路。

4. 实现多样化服务的升级发展

2013 年，北京公交集团运用“互联网 +”技术，在全国首推并实践定制公交理念，率先搭建定制公交平台，2013 年 9 月首批 3 条商务班车线路开通运营。此后，依托平台，不断扩大商务班车服务规模并推出快速直达专线、节假日专线、高铁专线、休闲旅游专线等多样化服务品种，400 余条多样化线路每天为近 5 万人提供高品质出行服务。2018 年 9 月，针对出行新需求，践行“公交 + 互联网”的发展理念，定制公交服务再升级，在北京南站率先推出“线上预约、合乘出行”的网上定制公交新模式，通过手机 App、微信小程序实现了互联网与传统公交运营模式的有效对接。由固定线路运营组织发展为动态班次运营组织，采取动态线路、动态站点和动态发车时间的个性化需求响应式全新服务，实现了公交运营里程碑式的创新发展。2018 年底，合乘定制公交服务成功推广至北京西站和北京站。

5. 形成出行热点全覆盖的夜班线网

36 条线路组成的夜班线网，线路长度 850km，日均服务约 1 万余人次的出行，覆盖了三环路以内主要骨干道路和回龙观、天通苑及通州地区的出行热点。

6. 形成立足首都，服务城乡，辐射京津冀的线网

近 500 条市区线路，300 条郊区线路，200 条市郊联络线，满足不同区域乘客出行需求，加强各组团之间的跨区连接，紧随非首都功能疏解城市人口布局变化。其中，41 条跨省公交线路，已覆盖河北省廊坊、保定、张家口、承德等市县，强化了京冀两地的互动，助力京津冀交通协同发展。

7. 形成与轨道交通协调发展，换乘方便的线网

截至 2018 年年底，全市 391 座地铁站中，地面公交与 376 座地铁站实现 200m 内接驳。全市约 1000 条常规公交线路中，800 余条地面公交线路与轨道交通顺畅衔接。未来配合轨道交通周边接驳条件改善，继续优化既有接驳服务，并做好轨道交通新线的接驳工作。

五、其他问题及政策保障

1. 公交服务和配套设施保障不到位

1) 公交路权保障不足，道路通行条件差

(1) 公交专用道的保障能力有限。公交专用道总里程少；道施划不连续；在拥堵路段公交专用道落地困难；施划路段监控不足，违法成本低。

(2) 道路违章路侧停车现象严重，严重影响公交车辆通行。

(3) 社会上对于公交优先的认识不足，“绿色出行”的理念落实困难，把公交作为导致拥堵的原因，要求公交让路的言论时有发生。

2)场站资源保障不足

(1)规划缺失或滞后。一些新建、在建的居民小区没有规划公交场站,导致居民入住小区后地面公交进驻困难,无法服务居民出行。一些与轨道交通接驳的配套场站设施没有实现同步规划、同步设计、同步实施、同步对接,造成部分地铁站交通接驳困难。

(2)已有规划落地困难。根据北京市公交场站专项规划,北京市市域内共规划公交场站840处,已落实规划的场站不到143处,实现率仅为17%。

(3)场站资源严重不足。2019年全市仍有约70处路侧停放公交车1100余部,没有实现"公交都市"公交车进场率100%的指标要求。

(4)近年来公交场站流失严重。2016—2019年,已有30余处场站被腾退或收回,由此带来50余条公交线路的被迫调整,给乘客出行带来影响,增加空驶里程,使企业运营成本增加。

(5)受到规划、园林、交管等方面的制约,设站不能满足乘客需求。部分站位距离地铁出入口较远,乘客换乘步行距离较长。

(6)纯电动公交车辆的快速推进对充电桩建设提出了更高的要求:一方面,既有场站内建桩用地紧张,一些临时场站、桥下空间场站无法建设充电桩;另一方面,外电源工程各区规划不出具重复意见,导致国家发展改革委项目审核无法按完成备案,影响外电源建设进度,已安装的充电桩无法使用,一些线路不得不空驶充电,大量增加空驶里程,造成运力浪费。

2. 缺乏运营服务标准

截至2019年,政府部门还未出台关于公交线路开行、发车间隔相关的运营服务标准,使政府、公交企业应承担的责任和义务尚不明确。如出台相关标准,公交企业参照标准做好服务,政府主管部门参照标准购买公共出行服务,对企业进行评价考核,同时建立与服务标准配套的财政补贴机制,支撑公交可持续发展、提升市民出行品质。

3. 京津冀交通协同发展缺少政策、机制支撑

2019年,北京公交集团已有跨市域线路41条,随着京津冀交通协同发展的不断深入,河北省廊坊、保定、张家口、承德以及天津市武清等县区开通跨市域公交线路的需求不断增加,但没有关于京津冀公共交通协调发展的上位规划,明确地面公交的地位,明确需求,明确枢纽、场站等配套设施的设置,明确新增服务涉及的车辆来源,明确财政补贴保障机制等。

4. 换乘优惠政策

如果能够实施换乘优惠政策,可通过价格手段引导乘客主动换乘,有助于明确各条线路在整个线网体系的功能,打造层次分明、结构清晰的公交线网体系,提高地面公交系统的效率,提高地面公交特别是微循环线路的吸引力,增加地面公交系统的客运量,减少公众对于线网优化增加出行费用的社会舆论压力,有利于乘客的出行体验。

5. 加强舆论引导，让市民理解支持线网优化工作

按照“接诉即办”工作要求，北京公交集团进行了系统分析。虽然一直以来北京公交集团高度重视乘客意见，但由于公交服务的基础特征、公交服务上位前置保障条件的不确定性和公交行业管理机制等因素，使得公交线网优化工作很难按照“接诉即办”的标准落实。近年来，在市委、市政府的指导下，北京公交集团持续开展供给侧改革，实现公共资源的重新分配和再平衡，使整体线网布局更加合理有序。对于新开线路，沿线乘客大多表示欢迎，不同意见较少；对于撤销、分段优化的线路，将打破既有部分乘客的出行习惯，乘客会有不同的声音；对于调整线路，调整增加路段乘客以欢迎为主，但撤出路段也会带来部分乘客的意见。因此，需进一步加强舆论引导，让更多乘客理解线网优化工作。

六、具体优化案例

1. 望京地区优化案例

以望京地区优化方案为例，对“减重复、增覆盖、便接驳、推进微循环”的线网优化的思路方法说明如下。

进入 2000 年以来，北京公交集团在望京地区先后增加近 30 条公交线路，但没有新增一处公交场站，且在望京东部没有公交场站支撑。为方便望京东部地区乘客出行，解决望京科技园出行需求，2000 年北京公交集团利用望京北路断头路空地作为临时驻发条件，开辟线路。近年来，随着断头路的打通，原有临时公交场站空间用地变为道路，但乘客出行仍需保障。北京公交集团克服困难，在没有场站条件，职工风餐露宿的情况下，仍坚守运营服务。

2018 年以来，北京公交集团接到多个渠道反映望京北路公交车辆路侧停车影响社会交通的意见。2019 年，市交通委公交处接到 1 件人大代表议案反映相同问题。2019 年，朝阳区交通委、东湖街道多次要求北京公交集团腾退望京北路路侧驻发公交车辆。为此，北京公交集团对望京地区公交线网进行重新梳理，克服场站保障不足的困难，以乘客需求为导向，结合地铁 14 号线开通后望京地区客流结构的变化，望京东部地区道路网的完善，望京 SOHO、望京科技园、朝来产业园等产业园区的客流需求，制订了望京地区整体线网优化方案。

该方案对望京西部地区重复并行线路进行优化整合，合并 131 路和 404 路，撤销 677 路北段，缩短 132 路。

404 路于 1983 年开通，1996 年由南湖渠延长至来广营，月票有效，是望京地区首条公交线路。404 路途经广顺南、北大街（望京地区中心主干道），承担着望京地区往返三元桥、东直门的出行需求，日客运量近 3 万人次。

131 路前身为 614 路,是 1999 年开辟的月票无效线路,东直门—侯庄路段依附 404 路开行,与 404 路并行约 9.4km。

404 路和 131 路这两条线路之间仅有两个路段存在微小差异:一是末端独有略有不同,404 路经广顺北大街至来广营,131 路由侯庄路口向东经宏昌路、利泽中二路至望京科技创业园。二是开往东直门方向,404 路经阜通东大街、花家地街,131 路途经望花路、花家地北里、花家地南里、花家地南街。2006 年,票制票价改革后,两线月票有效与月票无效的差异已不存在,功能已基本一致,且因长距离重复并行,具备优化整合的条件。2015 年,地铁 14 号线的开通,两线客流逐年下降,线路调整前,404 路日均客运量 1.0 万人次,131 路日均客运量 0.8 万人次。

在优化方案设计过程中,对沿线乘客需求进行研判,整合后的 404 路北段保持原 404 路走向,原 131 路宏昌路、利泽中二路路段通过调整 416 路替代(图 1-15、图 1-16)。宏昌路、利泽中二路共涉及站点 3 对,乘客可以乘坐 416 路前往东直门,如仍希望经由京顺路沿线前往东直门,可乘坐 416 路、621 路至大西洋新城东门,同台换乘 404 路。整合后的 404 路南段选取客流需求更高的原 131 路望花路、花家地北里、花家地南里、法制日报社路由,同时解决花家地南街原 131 路独有行驶路段。方案形成后,按照 131 路、404 路叠加后的客流情况调整最大断面,制订行车计划。新 404 路运行首日,增加 4 组单班,全日增加 32 车次。根据首日运行情况,后续再增加 4 组单班,较调整前共增加 64 车次。同时,客运分公司组织车队对新 404 路持续开展客流调研,尽快摸清新 404 路客流规律,适时采用区间车等调度措施,确保运力充足、运营秩序稳定。

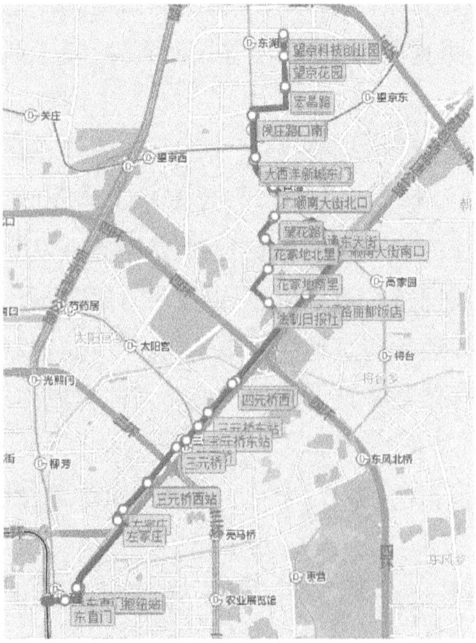

图 1-15　原 131 路路由

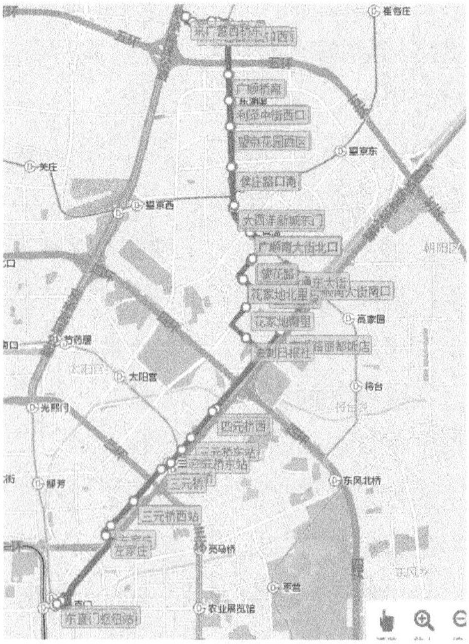

图 1-16　404 路路由

将节余的运力资源平移至线网覆盖较为薄弱的望京东部、北部地区。新开专15路(图1-17),增加地铁望京东站公交接驳,服务望京SOHO、望京科技园等产业园区,连接望京西部居住区与东部就业区;延长416路、547路,解决朝来产业园公交出行需求;新开专14路(图1-18),方便香江北岸小区居民出行;优化132路中途路由,方便花家地、九十四中学乘客接驳地铁14号线。通过线网优化,实现望京地区地面公交线网的整体均衡布局。

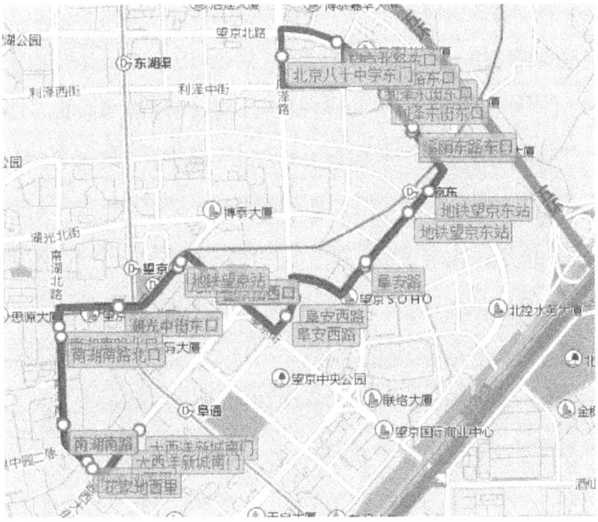

图1-17　专14路

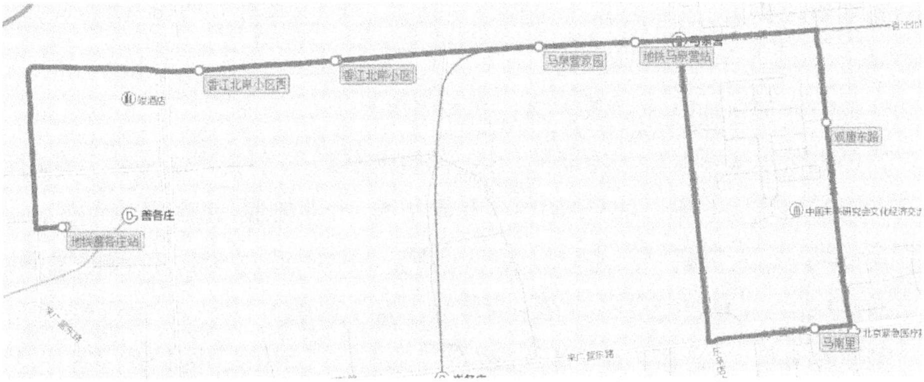

图1-18　专15路

2.依托专用道施划“提运速”案例

截至2015年年底,三环路途经线路222条(不含夜班),占北京公交集团线路总数的27.1%,日客运量316万人次,占总客运量的33.8%。

通行三环路6km以上的公交线路有22条,全线总客运量47.0万人次,全日车次5365次,配车1013部。其中,环线6条,日均客运量18.3万人次,占三环线路总客运量的39%;全日车次1433次,占三环线路全日车次的26.7%;配车376部,占总配车的37.1%,环线平均运送速度17km/h。

途经三环主路线路 71 条,日均客运量 109.7 万人次,占三环线路总客运量的 34.7%;全日车次 15818 次,占三环线路全日车次的 30.3%;配车 2605 部,占总配车的 36.7%。其中,在三环主路连续通行 6km 以上线路 14 条,日客运量 34.2 万人次,全日车次 3181 次,配车 714 部。

总体上看,三环路主路各路段高峰小时车次分布呈现以下特点:

(1)西南三环已施划专用道路段及南三环沿线车次分布较为密集,各桥区高峰小时车次均已超过 150 次,赵公口桥、洋桥等桥区达到 200 次左右。

(2)西三环北段(新兴桥—苏州桥)、东三环中段及北段(双井桥—三元桥)车次分布较少。西三环北段万寿桥、苏州桥为高架,桥下有苏州桥、万泉庄等客流集散点和换乘节点,如通行主路无法在上述地区设站,影响沿线乘客的出行。东三环主路双井桥—亮马桥段无设站条件,沿线 CBD 地区存在大量客流,但只能在辅路设站换乘。

(3)六里桥、莲花桥桥区无辅路系统,马甸桥、安华桥桥区辅路限高,所有线路在上述桥区均通行主路,在高峰小时车次分布图上形成突变。

2016 年 10 月,随着公交专用道的施划,三环路作为快速公交通勤走廊的吸引力显著增强,为充分利用公交专用道资源,提高运输效率和服务水平。

①既有三环主路线路增加车次,满足乘客的出行需求。

a. 施划专用道后,运送速度将有显著提高,车辆周转明显加快,预计高峰小时可增加车次 5%。

b. 施划专用道后,三环路作为快速公交通勤走廊的吸引力增强,结合客流变化,及时增加运力,满足乘客出行需求。

②调整部分三环辅路线路至主路公交专用道。

在三环主路车次覆盖较为薄弱的地区,调整部分线路至三环主路公交专用道,提高公交专用道的使用效率,同时使调整后线路提速,方便接驳,提高服务水平。

a. 调整 74 路:六里桥—万寿寺段改行主路公交专用道,中途站位改停主路站位。调整后,六里桥—万寿寺段双向高峰小时车次增加 10 次。

b. 调整 671 路:长虹桥—蓟门桥段改行主路公交专用道,中途站位改停主路站位。调整后,长虹桥—蓟门桥段双向高峰小时车次增加 12 次,辅路出行需求可由 95 路、361 路替代。

c. 调整 503 路:光华桥—燕莎桥段改行主路公交专用道,撤销白家庄站。调整后,光华桥—燕莎桥段双向高峰小时车次增加 20 次,辅路出行需求可由 402 路、421 路替代。

③围绕全市线网优化,将相邻干道的部分重复线路引入三环路,减少相邻干道的线路重复。

调整特 6 路:西苑—木樨地与特 18 路路由完全重复,削减中关村大街沿线重复线路，将路由调整至万泉河快速路、西三环主路，途经西三环公交专用道，加快车辆周转，形成三环路至海淀山后地区的快速通勤线路。调整后，苏州桥—莲花桥段双向高峰小时增加10个车次，并为后期968路优化调整创造条件。

三环全线专用道启用后，经对途经的线路运营情况监控，平均行驶时间缩短了14min，平均提速52.48%，客运量比启用前增长了14.24%。

④结合京藏高速公交专用道施划，调整部分经由京藏高速线路至三环路。不再新引入郊区客运版块线路至三环路主路，避免郊区客运版块线路成为三环路上骨干线路，不利于“城优郊进”战略的推进。

第四节　公交线网优化前评估评价系统

一、概述

城市公交线网的评价主要是从公交线网的发展水平和技术性能方面，分析其发展规模与客运需求的适应性以及线网的布局结构和功能，从而揭示公交线网的服务质量、验证规划方案的合理性、技术可行性，为规划方案的优化和决策提供技术方面的信息和依据。

公交线网规划可在不同规划方法下做出多套方案，从备选方案中，用数学方法综合、全面地评价这些方案的优劣，选出最佳方案，即公交线网规划的评价；然后根据各指标间的相互关系及其对总目标的贡献确定各项指标，选择合适的评价方法对不同方案进行评价，确定方案的优劣程度，最后选择最优方案。

城市公交线网规划的评价有如下特点：

(1)城市公交线网是城市公共交通系统中的一个组成部分，是城市公交系统的子系统，由人、车(公交工具)、路(途径、交通线路)三方面共同组成，既包括硬件(设施、设备)，也包括软件(技术、政策)。其内部各部分之间有着综合和动态的关系。城市公交线网是与城市交通系统和城市社会经济环境相联系的、复杂的、开放的大系统，具有多变量、多目标、多层次、多数性等特点，建立评价指标时应全面加以考虑。

(2)不同的评价主体所需达到的目标是多样的，有的目标相互冲突。例如，使用者希望出行费用低廉，乘坐舒适；而运营者重视经营收益性，希望票价高一些，并提高效率和降低运行成本。又如，政府希望公交线路能最大限度地满足居民的出行需求；而北京公交集团考虑运营成本，希望将线路布设在客流集中的线路上，从而造成重复系数增大。因此，在项目研究中，应针对不同利益主体确立综合、客观的评价体系。

(3)公交线网的评价指标，有些可以定量，有些是无法量化的(如公交的环境效益等)，应尽量选用定量指标，对于必须选用的定性指标通过一定方法定量化。

(4)公交线网的评价带有一定主观性,应尽可能将这种主观性降到最低。

二、公交线网评价流程

北京市公交线网的评价,归纳起来大致有以下步骤(见图1-19)。

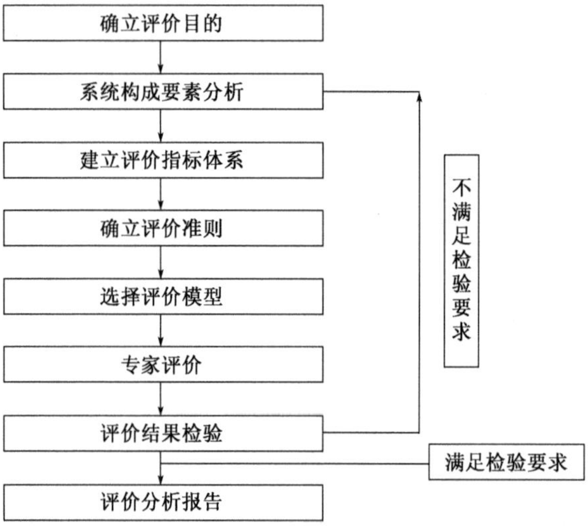

图1-19　北京市公交线网评价流程图

1. 明确评价目的

明确评价目的是进行公交线网评价的第一步,要做到“有的放矢”。只有评价目标明确后,才能有针对性地收集资料,获取与公交线网评价相关的信息。

2. 评价系统构成要素分析

评价系统构成要素分析是为了形成从整体到部分、从部分到整体的认识过程。这一过程需要完成对评价系统的全面认识,把握评价系统的特性,找出影响目标实现的各个因素以及它们之间的关系。

3. 建立评价指标体系

指标是对系统构成要素的抽象认识,是衡量系统总体目标的具体标志,不同指标反映系统的不同方面。建立指标体系的目的是为了对系统构成要素进行分类,更加有效地对系统要素进行量化处理。

4. 确定评价准则

评价准则是针对指标重要性做出的定量认识。指标反映系统的不同方面,不同指标对系统目标实现的重要程度不同,因而具有不同的权重关系。建立评价准则,即将指标体系中的指标规范化,采取同一尺度衡量对系统的影响程度。

5. 选定评价方法(模型)

选定评价方法要综合考虑指标的特点、数据的特点以及实际评价的特点等多方面因素。选择评价方法应能够合理地表现指标之间的关系,能够合理地推定各要素对系统的贡献。

6. 专家评价

评价需要由有专业知识的人来完成。专家评价既有利于形成评价结果的权威性,也有利于发现评价过程中隐含存在的问题。

7. 对评价结果进行检验

评价结果的检验是为了验证评价方法、评价过程的科学性和合理性,是评价过程的一个重要环节。评价的结果还包含通过周密思考和科学判断所得的见解,并不局限于评价方法所得的结论。

8. 评价分析报告

评价分析报告是评价的最终成果,是形成对系统价值的认识。

从严格的意义上来讲,流程图只是工作的一种框架图。在实际评价过程中,评价工作并非是严格按这种顺序进行的。一般而言,评价方法往往是在评价开始时就已经确定了,评价系统的最重要的工作是在建立评价指标体系与评价方法的选取方面。

三、公交线网评价指标体系

对城市公共交通线路进行评价,必须客观、准确地反映线路的功能状况、行为特点和运行效果。另外,城市公共交通线路的运转不是孤立运作的,还要考虑线路与周围环境的关系。因此,在结合北京市公交线路实际情况的基础上,侧重从以下三方面对公交线网开展评价。

1. 服务水平

公交线网服务水平是指公交线路满足居民出行需求的程度。

对既有线路而言,从整体来说,公交线路的综合效益,应该首先考虑的是公交线路所能提供的服务水平。一方面,公交线路服务水平与居民对公交的满意度息息相关,服务水平越高,居民对公交的满意程度越高,社会效益也越高。另一方面,它与公交线路的运营管理水平有密切联系,是反映公交线路运营效果的一个重要内容。公交运营服务水平的提高在很大程度上有赖于投入,必须在上述二者之间加以权衡,使其既能提供较好的服务,又能避免财政上的困难。体现公交服务水平的指标,可从安全、方便、快捷、舒适等方面反映运营特征、管理水平,这是公交发展水平最直接的体现。因此,服务水平是公交线网评价的重要内容之一。

2. 运营效率

运营效率是指公交线路运营中人力、物力的有效利用情况。

运营效率是衡量公交线路发展水平的重要依据。运营效率的高低,不仅反映了线路的运营组织和管理效率,而且还体现了公交线路系统资源配通置的优化情况、线路投入产出水平的高低、劳动生产率水平的高低。因此,需要对公交线路运营效率开展评价。运营效率与线路的经济效益有密切的正相关关系。通过对运营效率的评价和分析,可找出既有线路组织管理中存在的问题和可能发挥的潜力,从而为提高线路效率、优化资源配置、降低成本提供决策参考。

3. 经济社会效益

经济效益是指在线路运营活动中所消耗的劳动量与所获得的劳动效果的比率,即要素投入与有效产出之比率。一般来说,公交线路的经济效益评价主要是指经济指标方面的计算和分析,通过比较线路的运营费用和效益,对线路的经济合理性进行分析论证。在市场经济体制下,公交线路开行的重要原则之一:不仅要考虑社会效益,满足公益性要求,同时也要努力以尽可能少的投资,实现经济效益最大化。只有注重收入,控制成本,提高经济效益,公交生产经营才能实现可持续发展。因此,公交线路的经济效益评价也是公交线网总体评价中极为重要的组成部分。

社会效益是指公交线路的开设和运营对社会和环境产生的积极作用和影响。公交是一项公益性事业,发展公共交通有利于缓解交通拥堵,减少环境污染、节约能源和体现社会公平,促进城市经济社会可持续发展,因此社会效益是衡量公交发展水平的重要方面。从某种意义上来说,公交线路社会效益体现在其能不能为更多的乘客提供更好的服务。在一定意义上,公交线路运送的乘客越多,其社会效益越显著。线路的社会效益评价具有长期性、多目标性、间接影响多、指标难定等特点。

城市常规公交线网评价涉及面广、内容多,评价指标选取考虑的因素也多,为了便于描述各指标的内在联系,可采用树状的关系结构(图1-20),运用目标层次分类展开法,将目标按逻辑分类向下展开为若干目标,再将各目标分别向下展开分目标或准则,依此类推,直到可定量或可定性分析(指标层)为止。目标层次分类法是最常用的方法,选取的指标直接与目标相关,具有层次性,并随着目标的增多而扩充。

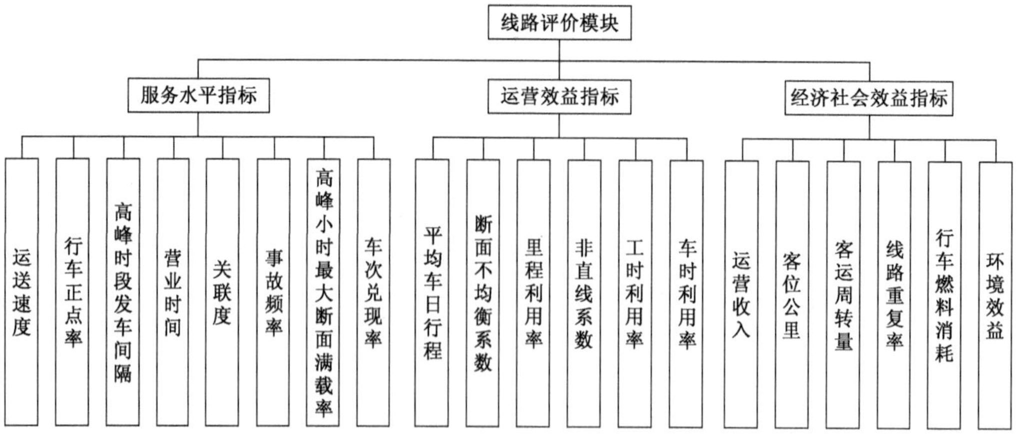

图1-20　评价指标体系设计

四、评价方法

常用的公交线网规划方案评价方法有层次分析法、价值分析法、单纯矩阵法、模糊分析法和专家打分法等。下面简要说明应用层次分析法进行公交线网规划方案评价的过程。

1. 建立层次模型

建立层次模型是指建立公交线网规划方案综合评价的评价指标体系。评价指标体系包括三层:第一层是总目标层;第二层是准则层,包含服务水平评价、运营效益评价和经济效益评价 3 个评价子系统;第三层是指标层,也是上述准则层 3 个评价子系统的"子子系统"。

2. 构造单一准则下元素两两比较矩阵

层次模型建立后,相邻上下层次之间的隶属关系也就确定了,并求出下一层次的子元素相对于上一相邻层次元素的相对权重,可采用 1 ~9 的 9 级比例标度来建立比较矩阵。

3. 构造单一准则下元素的相对权重

判断矩阵构成以后,即可计算指标的权重。求出判断矩阵的最大特征向量,将此特征向量进行归一化处理,即下一层元素相对于上一层元素的权重值。

4. 计算元素的组合权重

求出评价层次模型中从底层开始每一层元素相对于上一层元素的权重后,即可求出下一级某一层的元素相对应的上一层元素的权重。求出最下层(第三层指标层)的每一指标相对于最上层(第一层总目标层)的组合权重值。

5. 计算方案的评价值

各方案的评价值计算分定性指标和定量指标分别进行。对于定性指标,先作定性分析,后采用专家评分法或构造比较矩阵法,求出各方案的评价值;对于定量指标,可以先给出各指标的优劣临界值,然后用数值插入法求出各方案的评价值。

设最下层(第三层指标层)有 n 个指标 A_1、…、A_j、…、A_n,其组合权重为(a_1、…、a_j、…、a_n,)方案共有 m 个。各方案相对于最下层(第三层指标层)某一指标 A_j的评价值向量为 $W_j=(w_{1j}、w_{2j}、\cdots、w_{ij}、\cdots、w_{mj})$。则方案 i 最后的综合评价值为

$$q_i=\sum_{j=1}^{n} a_j w_{ij} \qquad (i=1、2、\cdots、m;\text{指标数 } j=1、2、\cdots、n) \tag{1-13}$$

最后,求出所有方案的综合评价值,值最高者即最佳方案。同时,还要根据评价的结果对公交线网规划方案做出适当的修正,将调整后的最终方案作为推荐方案。

五、公交线网优化前评估评价系统应用

为充分利用信息化手段提高工作效率，北京公交集团自主设计了线路优化乘客影响分析、IC卡客流多维度分析、线路重复度指标的算法原型，完成了数据验算、应用工具开发及调试，并向各客运分公司开放，以支撑科学制订优化方案。

线路优化乘客影响分析系统用于线路调整方案编制后，查询乘客影响情况。例如，利用工具操作某线路撤销，可以查询到撤销站位影响了既有乘客的出行数据，这些数据中有多少乘客可以通过其他线路实现出行，有多少乘客需要通过换乘一次解决出行，有多少乘客需要换乘两次或更多次实现出行，并能通过明细界面查看具体的换乘站位和人数。线路优化乘客影响分析工具为免安装版，直接解压缩后即可使用，采用假日版本、平日版本数据。

第五节　北京公交线网规划优化展望

2020年4月，北京市交通委员会发布了《北京市地面公交线网总体规划(草案)》(以下简称《规划(草案)》)。《规划(草案)》明确了公交在城市运行中的作用，分析了新形势对公交线网发展的要求，提出了贯彻“慢行优先、公交优先、绿色优先”的交通发展思路，以及以协同发展为方向调战略，处理好地上与地下的关系；以精准服务为导向优线路，处理好供给与需求的关系；以准时高效为目标提能力，处理好硬件与软件的关系三大规划理念。确定了通过公交线网规划的实施，到2022年地面公交基本实现与轨道协同发展、精准服务、准时高效的发展目标。

《规划(草案)》综合考虑北京的路网形态、客流的分布特征以及乘客出行效率，提出了不同区域、不同模式组合而成的线网形态：即中心城区为“棋盘+环”，中心城区与新城为“枢纽式”，新城内部为“枢纽式”。同时，借鉴国内外经验，结合北京实际，提出“3+1”线网层级体系：“3”即干线、普线和微循环线，统称常规线路。其中：

干线构成公交线网的骨干网络，根据服务空间范围的不同，分为服务远郊区与中心城区之间的市郊干线，以及主要服务于中心城区的市区干线，采取快慢结合的运营模式，可以弥补轨道的不足和分担轨道压力。市郊干线服务远郊区及新城往来市中心，服务对象为长距离通勤、休闲购物、旅游等出行，线路主要布设在高速公路、快速路、主干路等主要客流通道；市区干线服务中心城区及周边居住组团，服务对象为城市东西南北通道、环线、放射线沿线通勤、通学等中长距离出行，以及主要居住组团与就业地之间的快速通勤，主要布设在高速公路、快速路、主干路等主要客流通道。

普线：主要服务中心城区，服务对象包括从居住区去往医院、公园、商场等分散的

中短距离出行，主要布设在快速路辅路、主干路和次干路等次要客流通道，可以弥补轨道服务的空白。夜班公交线路独立成网，连接交通枢纽、医院、工厂和住宅区，保证城市昼夜延续的各类活动的正常进行。

微循环线：主要服务轨道和公交干线站点周边，提供居住区、就业区与轨道站点、公交干线站点之间的接驳服务或者短距离通勤通学服务，主要布设在次干路、支路和小区道路等分散客流通道，主要起到为轨道和公交干线接驳客流的作用。

"1"即定制公交。定制公交是常规公交的补充和服务升级，通过线上预约、拼车同行、智能调度等创新手段，满足市民不同场景下的精准需求，提供多元化、集约化、高品质的新型地面公交服务。

对标《规划（草案）》中确定的"干普微"线网分层级结构，"十四五"期间，将开展全线网梳理，分析线路功能特征，逐条线路确定线路层级，推进"快、普、支、微"四级线网级配结构向"干、普、微"三级结构转型发展。结合详规出台，在规划实施中遵循"动态优化、确保平稳，分期实施、协同推进"的原则，在具体方法上遵循先定走廊、再布线网，先优两头、后优中间，先增服务、后减重复的思路。继续探索公交企业与互联网企业的高度融合，研究实现定制公交扁平化管理新模式，依托互联网理念的深度实践，激发定制公交经营管理活力，短链条、扁平化管理，精简组织流程，提升车辆使用效率，创新服务模式，升级定制公交平台，增加平台用户粘度，扩大用户规模。"十四五"期间，将坚持以北京市线网规划为导向，以乘客需求为导向，以服务与效益并举为导向，以政策激励为导向，推进线网规划优化工作的落地，实现"强服务、保满意、助美好"。

第二章

行车时刻表

第一节　行车时刻表的编制依据

一、客流规律

客流规律是编制行车时刻表的主要依据。客流的变化规律主要表现在时间、方向、断面上的不均衡。

1. 客流在时间上的不均衡规律

$$\text{客流时间不均衡系数}=\frac{\text{高峰小时最大断面客流量}}{\text{最大断面全日客流量/营业时间}} \tag{2-1}$$

客流时间不均衡系数指数越大,说明线路高低峰客流量差异越大,高峰需投入较多车辆。

2. 客流在方向上的不均衡规律

$$\text{客流方向不均衡系数}=\frac{\text{高峰小时最大方向乘客人数}}{(\text{上行乘客人数}+\text{下行乘客人数})/2} \tag{2-2}$$

掌握客流方向上的不均衡规律,可以采用"屯车""加车""快车"的调度方法,将运力加于客流量大的方向,减少客流量小的方向的车次。

3. 客流在断面上的不均衡规律

$$\text{客流断面不均衡系数}=\frac{\text{最大断面小时客流量}}{\text{同方向单向人公里总和/线路长度}} \tag{2-3}$$

$$\text{人公里}=\text{断面客流量}\times\text{站距} \tag{2-4}$$

断面不均衡系数指数达到1.5左右的线路应考虑区间车或快车的调度方法。

因此,我们在编制行车计划时,不仅要掌握线路五峰时间中最大断面客流、尖峰客流起落时间,还要掌握线路十八时组客流,包括次要方向、次要断面上的客流情况,这样才能编制好行车时刻表,既为乘客提供较好的乘车条件,又做到经济合理地使用车辆。

二、指标要求

1. 总行驶里程

总行驶里程指运营车辆在全部工作车日中所行驶里程的总和。总行驶里程包括营业里程(载客里程)和非营业里程(空驶里程),但不包括为进行保养、修理而进出

修理厂的里程。其计算公式为

$$总行驶里程 = 营业里程 + 非营业里程 \tag{2-5}$$

1)营业行驶里程(载客里程)

营业行驶里程(载客里程)指运营车辆在行驶里程中载运乘客的里程。它包括运营车辆在线路上载运乘客行驶的里程和包车行驶的里程以及计划内(外)专车里程。其计算公式为

$$营业行驶里程 = \sum(线路长度 \times 上下行车次) + 包专车里程 \tag{2-6}$$

2)非营业里程(空驶里程)

非营业里程(空驶里程)指运营车辆空车行驶的里程。它包括运营车辆为营业进出场、加油加气等非载客的行驶里程,但不包括运营车辆在运营线路上正常运行的空驶里程。

2. 满载率

(1)日常使用的方法是用于线路最大断面的客流量与同一断面运输能力的比较。其计算公式如下:

$$满载率 = \frac{客流量}{车型定员 \times 车次} \times 100\% \tag{2-7}$$

即 运量 ÷ 运力

(2)用于全日、月、年度的客运周转量与客位公里之比,表示车辆客位的利用程度。其计算公式如下:

$$满载率 = \frac{客运周转量}{客位公里} \times 100\% \tag{2-8}$$

$$客运周转量 = \sum(断面通过量 \times 站距) \tag{2-9}$$

$$客位公里 = 定员 \times 营业公里 \tag{2-10}$$

车型定员如下:

$$车型定员 = 车型座位数 + (可站立面积\ m^2 \times 9\ 人) \tag{2-11}$$

由于目前北京公交集团车型种类较多,故采取线路运营车辆按照米级核定车型定员人数,具体规定见表 2-1。

目测客流分车型(米级)客调定员标准表 表 2-1

序　号	车辆米级	车辆类型	车辆客调定员
1	6	城市公交版	30
2	8	城市公交版	50
3		多座公交版	50
4	9	城市公交版	60
5		多座公交版	60
6	10	城市公交版	70
7		多座公交版	70

续上表

序　　号	车辆米级	车辆类型	车辆客调定员
10	12	城市公交版	80
11		多座公交版	90
12	13(13.7)	城市公交版	110
13		多座公交版	110
17	15	城市公交版	120
18	16	城市公交版	130
19	18	城市公交版	140
20	双层	城市公交版	100

3. 工时利用率

工时利用率指运营线路的平均班工时与标准班工时之比。其计算公式如下:

$$工时利用率=\frac{平均班工时}{标准班工时(480分)}\times 100\% \tag{2-12}$$

(1)平均班工时指运营线路上的车辆,在整个运营日中,平均每一个劳动班的工作时间。其计算公式如下:

$$平均班工时=\frac{总工时(运营时间和辅助时间)}{配班} \tag{2-13}$$

(2)有效班工时(纯行驶工时)指驾驶员、乘务员实际在车上的运营时间。其计算公式如下:

$$有效班工时=\Sigma(单程行驶时间\times 车次)+车辆从停车场地至首末站时间$$
$$(不含首末站停站点、用餐和辅助时间) \tag{2-14}$$

4. 平均班公里

平均班里程是指运行线路上的车辆,在整个运营日中,平均每一个劳动班所行驶的里程。其计算公式如下:

$$平均班公里=\frac{运营里程(行车公里)}{配班} \tag{2-15}$$

5. 单程行驶时间

单程行驶时间是指运营车辆在线路的起点站发车至终点站止的单向计划走行时间。单程行驶时间是由车辆在中途每站间的行驶时间、中途各站上下乘客时间、每站开关门时间、准备时间组成,但不包括首末站停站时间。单程行驶时间是反映车辆周转和劳动效率的一项重要指标。

6. 停站时间

停站时间是指运营车辆在线路终点站的停留、待发时间。

早高峰首末站平均停站 3min,又称为掉头点。

晚高峰因照明、道路通行能力差,首末站平均停站 5 ~ 8min。

低峰平均停站时间按单程行驶时间的 15% ~ 20% 计算,首末站可调剂使用。例如,某线路单程行驶时间为 40min,平均停站点则应为 8min,首末站共停站 16min,可调剂使用。单班车加入、停车时停站点可放大。

整班安排一次换饭时间：早餐 18 ~ 22min，中餐、晚餐 20 ~ 25min，均含停站时间。

7. 行车间隔

行车间隔是指前车与后车的时间距离。其计算公式如下：

$$间隔=\frac{(单程行驶时间+停站时间)\times 2}{配车数} \tag{2-16}$$

$$间隔=\frac{60}{最大断面小时客流量\div(车型定员\times满载标准)} \tag{2-17}$$

间隔限制：晚间原则上不能大于 30min，一般时间原则上不能大于 15min。间隔过 1h 应采取调整车型或加开快线、辅线等手段解决。

8. 行车次数

行车次数是指运营车辆为营业行驶的发车次数。车辆在线路上行驶一个单程，不论其线路长短、全部或区间，均为一个车次，但不包括团体包车的车次。

如果计算在单位时间内通过的车辆数，也可以称为行车频率。它是从时间角度来说明发车次数的。因为从时间分组的行车频率是编制行车时刻表的重要内容。行车频率既有方向上的，也有断面上的，是计算一个方向或一个断面在单位时间内发车间隔的依据。其计算公式如下：

$$断面行车频率=\frac{单位时间内客流通过量}{定员\times满载率标准} \tag{2-18}$$

$$断面行车频率=\frac{60分钟}{行车间隔} \tag{2-19}$$

注意：一个车次与一次车的区别在于，一个车次是指一个单程，一次车（一圈）是指一次往返。

三、企业内部条件（企业运输能力）

企业内部条件（企业运输能力）是编制行车时刻表的基础。

（1）线路场站。

（2）车辆是指线路在册车数及车型。

（3）劳动力。

四、其他

现行行车时刻表中存在问题的解决方法，也是调整行车时刻表的重要参考资料。

第二节　行车时刻表的编制程序和方法

行车时刻表的编制是一门科学，是运筹学在交通企业中的运用。其编制过程是细致而复杂的过程。编制时,要有明确的目标,科学的态度,高度的责任,灵活的技巧。

一、行车时刻表的编制程序

(1)分公司运营科根据行车时刻表的编制原则和要求,结合运力、客流等条件,拟定编制方案,下达车队。

(2)各车队可根据上级运营部门下达的方案编制不同时期的行车时刻表,附劳动班次和简要汇总表报分公司运营科审批。

(3)在主要交通干线上行驶的不同分公司的重复线路,重要时期重点线路的行车时刻表由各客运分公司附简要说明报公司审批。

(4)行车时刻表应待上级运营部门批准后,再由车队贯彻执行。

二、行车时刻表的编制方法

行车时刻表是公交企业组织线路运营生产的作业计划,是计划调度的基本形式。通过行车时刻表,可以把分散作业的驾驶员和乘务员组织起来,纳入计划运输的轨道。行车时刻表的编制质量和执行中的准确程度将直接影响企业的经营方向和管理水平。因此,加强行车时刻表的管理,必须从提高行车时刻表的编制质量入手,力求达到编制依据充分、调度方法恰当、运力与运量平衡、经济地配备车辆和劳动力、编制技巧熟练、可行性强等要求。

1. 配车数的确定

线路配车的确定,以高方向最大断面小时客流量为依据。一般线路因早高峰时间客流量大,时间集中,为全日最高配车数,通常把早高峰配车数作为本线路最大配车数。配车数单位为辆。

【例 2-1】 某路早高峰最大断面小时通过人数 2160 人,单程点 35min,平均停站点 3min。低峰小时通过 1260 人,单程点 33min,平均停站点 6min,客流方向均衡,配通道车(定员 180 人,满载要求高峰 80%,低峰 70%)。求:早高峰和低峰的配车数。

解:

(1)早高峰:

①一次车运送 180×0.8(144)人,需多少次车才能把 2160 人运完?

车次=通过量÷(车型定员×满载标准)

$=2160\div(180\times0.8)=15$(次)

②一小时发 15 次车,几分钟发一次车?

间隔=小时(60)÷车次$=60\div15=4$(min)

③周转时间内 4min 发一次车,配多少部车即可求出。

周转时间=上下行单程点+首末站停站点

或周转时间 =（单程点 + 平均停站点）×2

配车数 = 周转时间 ÷ 间隔 =（35 +3）×2 ÷4 =19（部）

（2）低峰：

1260 ÷（180 ×0.7）=10（次）

60 ÷10 =6（min）

（33 +6）×2 ÷6 =13（部）

答：早高峰应配 19 部车，低峰应配 13 部车。

练习题 2-1

某路高峰最大断面客流量 1280 人，单程点上行 37min，下行 38min，平均停站点 3min。低峰客流量 624 人，单程行驶 34min，平均停点 6min。配解放单机（定员 80 人，满载要求高峰 80%，低峰 65%）。请分别求出高低峰的小时车次、间隔、配车数。

解：

（1）高峰：

①车次 = 通过量 ÷（车型定员 × 满载标准）

　　=1280 ÷（80 ×0.8）=20（次）

②间隔 = 小时 ÷ 车次 =60 ÷20 =3（min）

③配车数 = 周转时间 ÷ 间隔 =（37 +38 +2 ×3）÷3 =27（部）

（2）低峰：

624 ÷（80 ×0.65）=12（次）

60 ÷12 =5（min）

（34 +6）×2 ÷5 =16（部）

答：高峰配车 27 部，小时车次 20 次，间隔 3min，低峰配车 16 部，小时车次 12 次，间隔 5min。

根据以上述 3 个计算公式还可推出第 4 个计算公式，即

配车数 =［小时通过量 ÷（车型定员 × 满载标准）］÷（60 ÷ 周转时间）

将第 4 个公式代入例 5-1，则

早高峰配车数 =［2160 ÷（180 ×0.8）］÷［60 ÷（35 +3）×2］

=2160 ÷144 ×38 ×2 ÷60 =19（部）

只求配车数，不要求车次、间隔中间答案的可用此方法。

注意：

（1）配车数和小时车次是两个概念，由于周转时间长短不一，在一小时里加一部车不一定就产生一次车。

（2）**【例 2-1】**中的 3 个公式是最基本的公式，根据乘除法互为逆运算的原理，还可写成：

车次 × 车型定员 = 运力

通过量÷车次=平均载客人数

小时(60)÷间隔=车次

配车数×间隔=周转时间

周转时间÷配车数=间隔

由此可见，求间隔、小时车次有多种方法，要灵活运用。

(3)求配车数时如果除不尽，做计算题时可以四舍五入成整数，作点时将余数放在停站点里或者调整行车间隔。

例如，周转时间：(34+35+6×2)=81min

间隔6min

配车数为13.5部

实际作点：

①如配车14部，周转时间=配车数×间隔=14×6=84(min)，比原周转时间多3min，或首末站停站点分别为7min、8min，或发3个5min间隔。

②如配车13部，周转时间=配车数×间隔=13×6=78(min)，比原周转时间少3min，或首末站停站点分别为4min、5min，或发3个7min间隔。

【例2-2】 某路高峰时间最大断面小时客流量为4320人次，周转时间80min。低峰客流量为1755人次，周转时间为88min。配黄河通道车(定员180人，满载标准高峰80%，低峰65%)。问：客流方向均衡，如编制全日行车时刻表，应配几组大单班(一四班)？

解：

(1)高峰：

车次=通过量÷(车型定员×满载标准)=4320÷(180×0.8)=30次

间隔=小时÷车次=60÷30=2(min)

配车数=周转时间÷间隔=80÷2=40(部)

(2)低峰：

1755÷(180×0.65)=15(次)

60÷15=4(min)

88÷4=22(部)

40-22=18(组)

答：编制全日行车计划应配18组大单班。

练习题2-2

某路高峰时间最大断面小时客流量为960人次，单程点36min，平均停站点4min。低峰客流量为520人次，单程行驶35min，平均停站点7min。配解放单机车(定员80人，满载标准高峰80%，低峰65%)。问：客流方向均衡，如编制全日行车时刻表，应配几组大单班(一四班)？

解:

(1)高峰:

车次=通过量÷(车型定员×满载标准)=960÷(80×0.8)=15(次)

间隔=小时÷车次=60÷15=4(min)

配车数=周转时间÷间隔=(36+4)×2÷4=20(部)

(2)低峰:

520÷(80×0.65)=10(次)

60÷10=6(min)

(35+7)×2÷6=14(部)

20-14=6(部)

答:编制全日行车计划应配6组大单班。

【例2-3】 某路上午低峰配车10部,单程点38min,平均停站点7min。如果遇有雨雪天,单程点放大20%,平均停站点放至9min。问:放大后的单程点、间隔各是多少?

解:放大后的单程点:38×(1+20%)≈46(min)

或38+38×20%≈46(min)

放大后的间隔=放大后的周转时间÷放大后的配车数(原配车数)

=(46+9)×2÷10=11(min)

答:放大后的单程点为46分,间隔11min。

练习题2-3

某路上午低峰配车13部,单程点28min,平均停站点7min。如遇雨雪天,单程点放大20%。问:在停站点不变的情况下放大后的单程点、间隔各是多少?

解:

放大后的单程点:28×(1+20%)≈34(min)

或28+28×20%≈34(min)

间隔=周转时间÷配车数=(34+7)×2÷13=6.3(min)

答:放大后的单程点为34min,间隔6.3min。

【例2-4】 某路长15km,单程点45min,平均停站点5min,配黄河通道20部。问:为方便乘客,线路延长5km,在客流、行车间隔、停站点不变的情况下,需加车几部?

解:

(1)原间隔

间隔=周转时间÷配车数=(45+5)×2÷20=5(min)

(2)现配车数

配车数=周转时间÷间隔=(45+15+5)×2÷5=26(部)

加车数:26-20=6(部)

答:延线需加车 6 部。

练习题 2-4

某路长 12km,高峰单程点 36min,平均停站点 4min,配黄河通道 20 部。问:为方便乘客,线路延长 6km,在客流、行车间隔、停站点不变的情况下,需加车几部?

解:

(1)原间隔:

间隔 = 周转时间 ÷ 配车数 = (36 + 4) × 2 ÷ 20 = 4(min)

(2)现配车数:

配车数 = 周转时间 ÷ 间隔 = (36 + 18 + 4) × 2 ÷ 4 = 29(部)

加车数:29 − 20 = 9(部)

答:延线需加车 9 部。

【例 2-5】 某线路单程点 38min,高峰时间首末站各停 4min,1h 内上行方向通过最大断面客流量为 4320 人次,下行方向为 2880 人次。请计算满载要求平均 144 人时最经济的配车数。

解法 1:

(1)低方向配车数:

车次 = 通过量 ÷ (车型定员 × 满载标准) = 2880 ÷ 144 = 20(次)

间隔 = 小时 ÷ 车次 = 60 ÷ 20 = 3(min)

配车数 = 周转时间 ÷ 间隔 = (38 + 4) × 2 ÷ 3 = 28(部)

(2)高方向车次:4320 ÷ 144 = 30(次)

按客流低方向配车,再加上高方向所亏车次的配车数,即最经济的配车数,则

28 + (30 − 20) = 38(部)

答:最经济的配车数为 38 部。

解法 2:

先求低方向配车数,再求所亏车次

(4320 − 2880) ÷ 144 = 10(次)

经济配车数:28 + 10 = 38(部)

这样配车比单纯按高方向配车可节省 4 部车,这是顺向加车的调度方法,车辆单程行驶后,即停驶或拉大间隔转入低峰。

练习题 2-5

某线路单程行驶 43min,首末站各停 5min,高峰时间 52min 内两个方向客流量分别为 3500 人和 1820 人,在车辆满载要求平均 140 人时。求:最经济的配车数。

解法 1:

(1)低方向配车数

车次＝通过量÷(车型定员×满载标准)＝1820÷140＝13(次)

间隔＝小时÷车次＝52÷13＝4(min)

配车数＝周转时间÷间隔＝(43＋5)×2÷4＝24(部)

(2)高方向车次:3500÷140＝25(次)

24＋(25－13)＝36(部)

答:最经济的配车数为36部。

解法2:

先求低方向配车数,再求所亏车次

(3500－1820)÷140＝12(次)

24＋12＝36(部)

2.根据全日不同峰别安排分时配车

1)分时配车

全日分时配车(除夜班车)可分为五班:一班首车—8:00(含早高峰)、二班8:01—12:00、三班12:01—16:00、四班16:01—20:00(含晚高峰)、五班20:01—末车(含晚二次)。

【例2-6】 某路配单机13辆(含备车1辆),根据客流需要分时配车为早峰配12辆,上午低峰配8辆,下午低峰配5辆,晚峰配11辆,晚二次配4辆。问:各班型分别是多少?

通过分时配车表(表2-2)可知早班8班、中班4班、晚班4班、一三班1班、一四班3班,共计20班。

分时配车表 表2-2

车次	峰别				
	一	二	三	四	五
1	——	——	——	——	
2	——	——		——	——
3	——		——		
4	——	——	——	——	
5	——		——		
6	——	——		——	——
7	——	——	——	——	
8	——			——	
9	——	——		——	——
10	——	——	——	——	
11	——		——		
12	——	——		——	——
13	备车				
小计	12	8	5	11	4

注:1.在五个班制的中间连接时,有1h过渡时间。

2.各峰出车数之和除以2即配班数,已知各班配班数可反推各峰出车数。

3.已知配班数在根据车型可测算出驾驶员和售票员人数。

2)劳动班型

劳动班型分为早班(一、二班)、中班(三、四班)、晚班(四、五班)、日班(二、三班)、大单(一、四班)、小单(一、三班)、夜班(五、六班)等。

3)劳动配班

(1)每班驾驶员和售票员的劳动工时为8h,可以连续作业(早班、中班、日班、晚班),也可间断作业(小单班、大单班、晚班间歇)。

(2)单机车配备1名驾驶员,1名售票员;通道车配备1名驾驶员,1名售票员。

(3)无人售票线路,单机车没有售票员,通道车中门设有1名监票员(准无人售票车)。

(4)BRT线路视设站数量及站台情况而定。

(5)营业时间在16h左右的,如6:00—22:00、5:00—21:00,一部车配两组劳动力(配双班)。营业时间在17h以上的,如5:00—23:00、6:00—24:00,安排两组半劳动力。

究竟要配几组替行班,取决于21:30以后线路运行所需车数。

【例2-7】 某线路配30部车,21:30以后只需16部车,那么另14部车可以安排大单班、小单班或中班(早接早下),总之这14部车可以提前收车。需要继续行驶的16部车必须保证晚班是在15:30以后接班,如果线路早高峰不需要用很多车,可用一部分日班接大晚班;如果中午不需要这么多车,可在早班下班后车停一段时间后晚班再接班;如果早高峰和中午都需要车,我们就采取一组劳动力替两部车的方法。

解:

(1)一组日班替两部车:

	早	日班	本早	晚班
1班	2圈(小单)	2圈(12:00下班)	2圈	4圈
	早		日班	晚班
2班	4圈(12:20接班)		2圈	4圈

注意:日班所替两部车要衔接好,交接班时间要接近,方向要顺向。

(2)一组日班替两部车:

	早	日班	晚班
1班	2圈(小单)	4圈	4圈
	早	①班早	晚班
2班	4圈	2圈	4圈

(3)一组晚班替两部车:

	早	晚班替行		晚班
1班	4圈	2圈		4圈
	早	本晚	晚班替行	晚班
2班	4圈	2圈	2圈	2圈

大多线路都是日班、中午停车、替行班3种方法一起使用。

例如，某线路晚二次需10部车，可采用日班接大晚班1组，替行3组（替6部车），中午停3部车。

综上所述，求出了配车数，又安排了劳动力，可以说一份行车计划的框架已经有了，如图2-1所示。

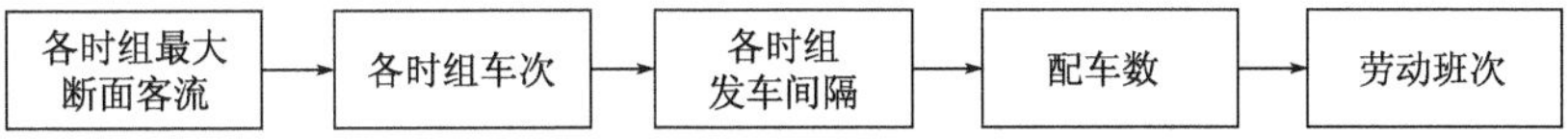

图2-1　行车时刻表编制流程图

4）劳动组织

劳动组织是指生产或工作过程中职工相互结合的形式。公交企业的劳动组织是通过行车时刻表和劳动配班实现的。

3.编制细则

1）横式行车时刻表

（1）排点。

排点是指根据不同时间的配车数、行车间隔，按时间排列车辆顺序；纵方向的时间排列，显示前后车的间隔；横方向的时间排列，显示单程运行时间。排点过程要注意上下、左右的衔接与连贯，防止差误。

排点的程序，一般由早高峰配车最多的时间（6:00）开始，然后一般时间、下午高峰至晚间、车辆入场后（或停站后）；再从上午的时间反排早间至首车。

（2）抽点、放点。

根据运行时间的区段点和首末站的停站点所划分的时间，进行抽点、放点。

①抽点：

第一种方法，由首（末）站发车时，根据已经计算好的时间，把点压下来，增加停站点，发车时大于计划间隔，行至抽点区段后，恢复计划间隔。

第二种方法，不由首（末）站压点，任其在抽点时间内，行至抽点区段，自然抽点，使计划间隔变小，至终点站再复原，增加终点站的停站点。

【例2-8】　下面采用第一种方法以111路上午高峰后抽点（表2-3）为例进行说明。

111路上午高峰区段时间表　　表2-3

区段时间（分）	崇文门	灯市口	地安门	平安里	白石桥
上午高峰6:01—8:00	8	11	8	16	
上午低峰8:01—12:00	8	*10	8	*15	

注："*"为扩大间隔压点。

从表2-3可以看出，有两个区段抽点：

平安里至白石桥，由16min变15min，抽1min；

灯市口至地安门,由11min变10min,抽1min。

计算首站(崇文门)发车时间的方法:用抽点时间依次减去区段走行时间,先远而后近。

抽平安里至白石桥的区段点,首站发车时间:

8:01 -(8 +11 +8) =7:34

抽灯市口至地安门的区段点,首站发车时间:

8:01 -8 =7:53

根据计算出的时间,再找首站发车点(表2-4),找点时应注意就下、不就上。

放点区段表 表2-4

车次	崇文门				灯市口	地安门	平安里	白石桥
	原计划	停站点	压点后	停站点				
1	7:30	4	7:30	4	7:38	7:49	7:57	8:13
2	* 34	4	* 35	5	43	54	8:02	# 17
3	38	4	39	5	47	58	06	21
4	42	4	43	5	51	8:02	10	25
5	46	4	47	5	55	06	14	29
6	50	4	51	5	59	10	18	33
7	* 54	4	* 56	6	8:04	# 14	22	37
8	58	4	8:00	6	07	18	26	41
9	8:02	4	04	6	11	22	30	45
10	06	4	08	6	15	26	34	49

注:“*”为扩大间隔压点,“#”为区段抽点间隔复原。

②放点:

第一种方法,由首(末)站发车时,根据已经计算好的时间,把点提上去,但事先需要适当增加停站点,发车时小于计划间隔,行至放点区段后,恢复计划间隔。

第二种方法,不由首(末)站提点,任其自然放点,放点后,扩大了计划间隔,在恢复计划间隔时,要占去对方的停站点,所以对方的停站点,事先也要调整好。

【例2-9】 下面仍用第一种方法以111路上午高峰前放点(表2-5)为例进行说明。

111路上午高峰前区段时间表 表2-5

区段时间(分)	崇文门	灯市口	地安门	平安里	白石桥
首车—6:00	8	10	8	15	
6:01—8:00	8	*11	8	*16	

放点区段(表2-6):

平安里至白石桥,崇文门放点的时间:6:01 -26 =5:35;

灯市口至地安门,崇文门放点的时间:6:01 -8 =5:53。

放点区段表　　表2-6

车次	崇文门				灯市口	地安门	平安里	白石桥
	原计划	停站点	提点后	停站点				
1	5:30	5	5:30	5	5:38	5:48	5:56	6:11
2	34	5	34	5	42	52	6:00	15
3	* 38	5	* 37	4	45	55	03	# 19
4	42	5	41	4	49	59	07	23
5	46	5	45	4	53	6:03	11	27
6	50	5	49	4	57	07	15	31
7	* 54	5	* 52	3	6:00	# 11	19	35
8	58	5	56	3	04	15	23	39
9	6:02	5	6:00	3	08	19	27	43
10	06	5	04	3	12	23	31	47

注:“*”为缩小间隔提点,“#”为区段放点间隔复原。

(3)抽车、加车

由于抽车、加车和抽点、放点几乎是同时进行的,因此要确切掌握抽车、加车前后的运行时间和行车间隔的变化。在变化过程中,要进行调点,有的车次要提点,有的车次要压点。提点的时间,不宜过大,要保证应有的停站点。

(4)换饭。

①加车垫挡。利用加车或高峰后抽停的车次,顶挡(行车间隔)发出,增加原有车次的停站点进行换饭。各条线路基本采用这种方法,比较简单,整齐不乱。

②扩大间隔。根据换饭时间扩大计划间隔,增加停站点,解决换饭。这种方法是在不具备加车或高峰后抽、停车少的情况下采取的,存在的问题是扩大间隔时间较长、恢复慢、换饭时间也不相等。

③加车垫挡与扩大间隔相结合。这种方法是在不完全具备加车的条件下所采取的两种相结合的方法,解决换饭。

④倒牌(车次)换点:将车次的顺序颠倒,让各车轮流换饭。换饭后,车次顺序复原。这种方法适用于二、三班在中午换饭。

⑤长短结合、快慢结合。有的线路分为长线与区间或快、慢混合行驶。利用这个条件,在换饭过程中,采用长代短、慢代快,各用所余的时间轮流换饭。

(5)出入场到首末站走行时间。

汽车不受线网控制,出入场可脱离原线行驶,要选择最佳线路,确定走行时间,做好实际勘查测定工作。

电车要先测出脱离原线的走行时间,然后再用不同的区段行车时间加上进场时间。

(6)调配劳动班次。

调配劳动班次是指将初步编好的行车时刻表,根据班型、工时等标准,进行调配。具体方法:

①在绘制劳动班型示意图时,就要有目的的为做好调配创造条件。首先,把不同时间行驶的车次排列均匀,不能集中。其次,把两个全日行驶的车次的中间,加一个上、下高峰时间行驶的车次。

②把初步编好的行车时刻表中每个车次的车时先算出来,作为调配劳动班次、平衡工时的依据。

③初编行车时刻表时,调班可分为以下两步:

第一步,根据不同时间的车数、间隔、营业时间等要求,先整个的编出来,计算出车时;

第二步,再进行调班。

如果已熟练地掌握了行车时刻表的编制方法,也可以一次完成一边编制,一边调班。要想把劳动班次调配好,关键在于先把劳动班型预测好。

2)竖式行车时刻表

(1)首末站出车数的确定,根据场到站距离近为好,远站要以客流为准。其计算公式如下:

$$远站出车数 = \frac{近站首车时间 + 单程点 + 远站停站点 - 远站首车时间}{间隔} \tag{2-20}$$

例如,近站首车时间5:00,单程点30min。远站首车时间5:00,停站点6min。远站发车间隔为12min,远站出车数应为3部(表2-7)。

则(5:00 +30 +6 -5:00) ÷ 12 =3(部)

远站出车数 表2-7

远站到达车辆				远站发出车辆					
班次	到达时间		车辆动态	班次	发出时间		停站时间	行车间隔	单程点
	h	min			h	min			
					5	00		首车	30
						12		12	
						24		12	
	5	30				36	6	12	

(2)高峰前的布局。由首车到高峰之前客流不大,可以根据客流实际适当放大间隔,然后根据客流高峰最大断面的开始时间和地点安排首(末)站发出的第一次小间隔。计算公式如下:

$$\begin{matrix}首(末)站第一次\\最小间隔时间\end{matrix} = \begin{matrix}高峰最大断面\\开始时间\end{matrix} - \begin{matrix}首(末)站到最大\\断面的行驶时间\end{matrix} \tag{2-21}$$

例如,最大断面6:40开始高峰,末站距最大断面行驶时间为14min,末站至少6:26开始第一次小间隔。若最大断面衔接线路多,换乘多,如六里桥北里、郎家园、东直门等站,客流不稳定,也可把小间隔提前10min,扫清高峰前的障碍。

(3)单班车加入不要过于集中,以免停车时正班车出现大间隔。加车时停站点不宜过大,见表2-8。

单班车加入 表 2-8

到达车辆				发出车辆					
班次	到达时间		车辆动态	班次	发出时间		停站时间	行车间隔	单程点
	时	分			时	分			
	6	10			6	20	10		
		20				26	6	6	
			加入			32		6	
		30				38	8	6	
		38				43	5	5	
			加入			48		5	
		46				53	7	5	

(4)首车开始逐渐放大单程点,放大时缩小间隔,见表2-9。

发出车辆 表 2-9

班次	发出时间		停站时间	行车间隔	单程点
	时	分			
	6	00		首车	30
		06		6	
		12		6	
		17		5	31
		22		5	
		27		5	
		31		4	32
		35		4	

晚上缩小单程点,缩小时放大行车间隔,这样可避免间隔变化过快。

(5)早高峰时间要密集间隔,最大限度地提高最大断面的通过车次,但采取各种调度方法(如区间车、快车、直达车等)时,必须保证主要断面正班车的顺利通过。

(6)高峰收尾单班车停车,要根据线路的具体情况,停车地点最好是下午客流所需方向,但也要因地制宜。抽停时要先放大行车间隔,至少要放大出一倍间隔才能停车。需要特别注意的是,有的线路早餐和大单班停车同时进行,一定要安排好正班车的间隔。

(7)安排吃饭点时注意错开高峰时间,有吃饭点的站拉大间隔发,无吃饭点的站继续发小间隔,直到对方站大间隔过来。有条件的站点吃饭也可调整发车顺序,不吃饭的车组先发,这样间隔恢复快。

(8)晚高峰时应注意,16:30 前把单班车加齐,保养车除外。根据客流方向和早高峰一样密集间隔,加快车辆周转,18:30 后陆续将单班车停下。有些郊区线路客流高峰开始和结束时间较市区晚,因此密集间隔和单班停车的时间须错后。

(9)晚上车辆驻站,一般根据次日早高峰客流方向停,但有的路线往往受停车场地限制反向驻车,次日早客流低方向反倒发小间隔送车,这种浪费也是不可避免的。

(10)线路配车要安排替保班次。一级保养车辆晚回场,无须安排替保班次。二级以上保养车辆早高峰后回场,可安排大单班车回场替保。

冬季安排机动车削尖补档,劳动班次只需写明报到和下班时间。

(11)劳动班次有两种写法:一种是完全编好点后再写,另一种是边编点边写劳动班次。如果营业时间短的线路,两种写法均可以;营业时间长的线路,最好选用后一种方法,可以随时发现问题,以便及时调整。

劳动班次要写清以下内容:

班次;早班报到及发车时间、地点;单班停车时间、地点;日班、单班、晚班接班时间、地点;驻车时间、地点。

无论何种班型,车辆发车前和停车后都要包括15min辅助时间。

配几部车设几个劳动班次,根据五峰时间配车数定好劳动班型。

3)行车计划汇总表

主要项目包括路别、首末站名称、线路长度、营业时间、车型、车数、单程行驶时间、运送速度、分时配车数、小时车次、间隔、平均停站点、全日车次、营业公里、行车公里、班公里、总工时、平均班工时、平均有效班工时、劳动配班、车辆驻车地点及数量、换饭时间、里程利用率等。

注意:

里程利用率是指营业公里(载客公里)在行车公里(运营公里)中占的比重,反映里程利用的程度。计算公式如下:

$$\text{里程利用率}=\frac{\text{全日营业公里(载客公里)}}{\text{全日行车公里(运营公里)}}\times 100\% \tag{2-22}$$

通常,里程利用率一般要求在95%以上,要尽量减少空驶公里。

调度空驶公里是非营业公里,如车辆进出场(保养、停场)、从停车场地至首末站、线路间调车以及教练公里、公务公里等。调空公里不可缺少,但应尽可能减少。

例如,某线路路长10km,全日计划车次200次,调空公里40km,这条线路当日里程利用率是98.04%。

营业公里 = 线路长度 × 车次 = 10km × 200 次 = 2000km

行车公里 = 营业公里 + 调空公里 = 2000km + 40km = 2040km

里程利用率 = 营业公里 ÷ 行车公里 × 100% = 2000 ÷ 2040 = 0.98039 = 98.04%

4. 工作实例

某线路的运行条件如下:

(1)线路长度为10km,配单机18部(定员80人,满载标准高峰90%,低峰70%)。

(2)单程行驶时间:早晚高峰42min,低峰时间40min,早6点前、晚21点后为35min。

(3)首末站停站时间:早高峰首末站各停3min,晚高峰首末站各停5min,低峰首站停10min,末站停6min。

(4)低峰停站车数:首站4部,末站2部。

(5)首末站晚间住站车数:首站住车11部,末站住车7部。

(6)线路营业时间:首末站均为5:00—23:00。

(7)客流方向:上午为首站至末站,下午为末站至首站。

(8)班平均有效工时:单班平均有效工时不低于330分,整班平均有效工时不低于360min。

请按上述条件分别用横式、竖式两种形式编制全日行车时刻表。

1)"横式"行车时刻表编制方法

横式行车时刻表是一种表上作业方法。其主要优点在于每个班次的行车次数、发车时间都体现在一张表上,既便于统计也便于识别。

编制时可以分段编制,从早高峰6:00开始,延续到低峰时间、晚高峰时间,直至末车;最后编制早高峰之前的部分,并利用这段时间进行个别班次行车次数的综合平衡。

具体做法:

(1)根据行车时间表配车的安排和不同时间单程行驶时间及停站时间的要求,先编出第一部车各个不同圈次的首末站发车时间,见表2-10。

(2)依次编出所有车辆早高峰开始第一圈发车时间,见表2-11。

(3)直至编到最后一部车的发车时间能与第一部车下一圈发车时间恰当衔接为止。

(4)按周围顺序依次编制,直到末班车。

末班车发出后,统计各班次、班型的行车次数,已达到各班型规定行车次数的班次应按计划停下来,再根据所余车次和6点前所需车次综合编制,完成6点前的发车班次、车次见表2-12、表2-13。

如果行车时刻表中区间车或大站快车的调度方法与正班车的行车间隔交叉,由于区间车、大站快车与班车的周转时间不同,且班次不能按顺序排列,因此须另附区间车或大站快车的行车时刻表。

2)"竖式"行车时刻表的编制方法

竖式行车时刻表一般选用空白行车记录表作为编制表格,分为首站和末站各一份,互相衔接。表格分左右两部分:左半部填写车辆到达的有关项目,右半部填写车辆发出的有关项目。

竖式行车时刻表是按时间顺序编制,它不受班次顺序影响,可根据客流量在高低峰时间的变化随时增减车辆,使之更为合理。竖式行车时刻表的编制要求与横式时刻表相同(表2-14、表2-15)。

横式行车时刻表（首末站）

表 2-10

某路　　　　　　　　年　　月　　日

车次	末站	首站	末站	首站	末站	首站	末站	首站	末站	首站	末站	首站	末站	首站	末站	首站	末站	首站	末站	首站	末站	首站	末站	首站		各班次车数	—	+	若加替行组
1				6:00	6:48	7:33	8:25	9:29	10:15	11:05	11:51	12:51	13:37	14:39	15:25	16:17	17:03	17:50	18:38	19:37	20:29					18			
2																													
3																													
4																													
5																													
6																													
7																													
8																													
9																													
10																													
11																													
12																													
13																													
14																													
15																													
16																													
17																													
18																													
19																													
20																													

表 2-11

横式行车时刻表（首末站）

某路　　　　　　年　月　日

车次	末站	首站	末站	首站	末站	首站	末站	首站	末站	首站	末站	首站	末站	首站	末站	首站	末站	首站	末站	首站	末站	首站	末站	首站		各班次车数	—	+	若加替行组
1				6:00	6:48	7:33	8:25	9:29	10:15	11:05	11:51	12:51	13:37	14:39	15:25	16:17	17:03	17:50	18:38	19:37	20:29					18			
2				06																									
3				12																									
4				18																									
5				23																									
6				28																									
7				33																									
8				38																									
9				43																									
10				48																									
11				53																									
12				58																									
13				7:03																									
14				08																									
15				13																									
16				18																									
17				23																									
18				28																									
19																													
20																													

横式行车时刻表（首末站）

表 2-12

某路　　　　　　　　　　　　　　　　　　　　年　　月　　日

车次	末站	首站	末站	首站	末站	首站	末站	首站	末站	首站	末站	首站	末站	首站	末站	首站	末站	首站	末站	首站	末站	首站	末站	首站		各班次车数	一	+	若加替行组
1				6:00	6:48	7:33	8:25	9:29	10:15	11:05	11:51	12:51	13:37	14:39	15:25	16:17	17:03	17:50	18:38	19:37	20:29					18			
2			—	06	53	38											08	55	45	45						7	1		
3				12	58	43	32			12	58	58	44													8			
4				18	7:03	48	39	37	23	20	12:06	13:06	52	47	33	24	13	18:00	52	53	38					18			
5			—	23	08	54									40	31	19	06								7	1		
6			—	28	13	8:01	47	45	31	27	13	13	59	55	47	38	25	12	59	20:02	47	21:34	22:19	23:00		21	1		V
7				33	18	09	55	53	39	35	21	21	14:07	15:03	54	44	31	18	19:06	11	56					18			
8				38	23	17	9:03			42	28	28	14													8			
9		—	—	43	28	25	11	10:01	47	50	36	36	22	11	16:01	50	37	25	13							16	2		
10		—	—	48	33	33	19	09	55	57	43	43	29	19	08	56	43	33	20	20	21:07	46	32			20	2		V
11		—	—	53	38	41	27	17	11:03	12:05	51	51	37	27	15	17:02	49	41	27	29	18	58	45			20	2		V
12		—	—	58	43	49	35	25	11	12	58	59	45	35	22	08	55	49	35	39	30	22:10	23:00			20	2		V
13		—	—	7:03	48											14	18:01	57	44							6	2		
14			—	08	54	57	43	33	19	20	13:06	14:07	53	42	29	20	07	19:05	53	50						17	1		
15	—	—	—	13	8:00	9:05	51	41	27	27	13	15	15:01	49	36	26	13	13	20:02	21:01	42	22				19	3		V
16		—	—	18	06									56	43	32	19									6	2		
17	—	—	—	23	12	13	59	49	35	35	21	23	09	16:03	50	38	25	21	11	12	54	34				19	3		V
18	—	—	—	28	18	21	10:07	57	43	43	29	31	17	10	57	44	31	29	20	23	22:06	46				19	3		V
19																													
20																									计	269	25		

横式行车时刻表（首末站）

表 2-13

某路　　　　　　　　　　　　　　　　　　　　　　　　　　　　　年　　月　　日

车次	末站	首站	末站	首站	末站	首站	末站	首站	末站	首站	末站	首站	末站	首站	末站	首站	末站	首站	末站	首站	末站	首站	末站	首站		各班次车数	—	+	若加替行组
1				6:00	6:48	7:33	8:25	9:29	10:15	11:05	11:51	12:51	13:37	14:39	15:25	16:17	17:03	17:50	18:38	19:37	20:29								
2			5:27	06	53	38											08	55	45	45									
3				12	58	43	32			12	58	58	44																
4				18	7:03	48	39	37	23	20	12:06	13:06	52	47	33	24	13	18:00	52	53	38								
5			36	23	08	54									40	31	19	06											
6			44	28	13	8:01	47	45	31	27	13	13	59	55	47	③38	25	12	59	20:02	47	21:34	22:19	23:00					
7				33	18	09	55	53	39	35	21	21	14:07	15:03	54	44	31	18	19:06	11	56								
8				38	23	17	9:03			42	28	28	14																
9		5:00	52	43	28	25	11	10:01	47	50	36	36	22	11	16:01	50	37	25	13										
10		09	6:00	48	33	33	19	09	55	57	④43	43	29	19	08	56	43	33	20	20	21:07	46	32						
11		17	07	53	38	41	27	17	11:03	12:05	①51	51	37	27	15	17:02	49	41	27	29	18	58	45						
12		25	13	58	43	49	35	25	11	12	58	59	45	35	①22	08	55	49	35	39	30	22:10	23:00						
13		32	18	7:03	48											14	18:01	57	44										
14			23	08	54	57	43	33	19	20	13:06	14:07	53	42	29	20	07	19:05	53	50									
15	5:00	39	28	13	8:00	9:05	51	41	27	②27	13	15	15:01	49	36	26	13	13	20:02	21:01	42	22							
16		45	33	18	06									56	43	32	19												
17	09	50	38	23	12	13	59	49	35	35	21	23	09	② 16:03	50	38	25	21	11	12	54	34							
18	18	55	43	28	18	21	10:07	57	43	③43	29	31	17	10	57	44	31	29	20	23	22:06	46							
19																													
20																													

行车计划(首站) 表 2-14(1)

某路 第 1 页 共 4 页

到达时间				发出车辆					
班次	到达时间		车辆动态	班次	发出时间		停站时间	行车间隔	单程点
	h	min			h	min			
				1	5	00		首车	35
				3		09		9	
				6		17		8	
				9		25		8	
				7		32		7	
				8		39		7	
12	5	35		12		45	10	6	36
15		44		15		51	7	6	
			加	11		57		6	38
14		53		14	6	03	10	6	
			加	4		09		6	40
18	6	04		18		15	11	6	41
17		13		17		20	7	5	42
			加	10		25		5	
1		23		1		30	7	5	
3		31		3		35	4	5	
			加	2		40		5	
6		39		6		45	6	5	
9		47		9		50	3	5	
			加	5		55		5	
7		54		7	7	00	6	5	
8	7	00		8		05	5	5	
13		06		13		10	4	5	
12		12		12		15	3	5	
15		17		15		20	3	5	
11		22		11		25	3	5	
14		27		14		30	3	5	
16		32		16		35	3	5	
4		37		4		40	3	5	
18		42		18		45	3	5	
17		47		17		50	3	5	
10		52		10		56	4	6	
1		57		1	8	03	6	7	41
3	8	02		3		11	9	8	40
2		07		2		19	12	8	
6		12		6		27	15	8	
9		17		9		35	18	8	
5		22		5		43	21	8	
7		27		7		51	24	8	

续上表

到达时间				发出车辆					
班次	到达时间		车辆动态	班次	发出时间		停站时间	行车间隔	单程点
	h	min			h	min			
8		32	停						
13		37		13		59	22	8	
12		43		12	9	07	24	8	
15		50		15		15	25	8	
11		57	停						

行车计划(首站)　　表 2-14(2)

某路　　第 2 页　　共 4 页

到达时间				发出车辆					
班次	到达时间		车辆动态	班次	发出时间		停站时间	行车间隔	单程点
	h	min			h	min			
16	9	04		16	9	23	19	8	40
4		11		4		31	20	8	
18		18		18		39	21	8	
10		25		10		47	22	8	
1		32		1		55	23	8	
3		39		3	10	03	24	8	
2		46	停						
6		53		6		11	18	8	
9	10	01		9		19	18	8	
5		09	停						
7		17		7		27	10	8	
13		25		13		35	10	8	
12		33		12		43	10	8	
15		41		15		51	10	8	
16		49		16		59	10	8	
4		57		4	11	07	10	8	
18	11	05		18		14	9	7	
10		13		10		22	9	8	
1		21		1		29	8	7	
			加	8		37		8	
3		29		3		44	15	7	
6		37		6		52	15	8	
9		45		9		59	14	7	
			加	11	12	07		8	
7		53		7		14	21	7	
13	12	01		13		22	21	8	
12		09		12		29	20	7	
15		17		15		37	20	8	
16		25		16		44	19	7	

续上表

到达时间				发出车辆					
班次	到达时间		车辆动态	班次	发出时间		停站时间	行车间隔	单程点
	h	min			h	min			
4		33		4		52	19	8	
18		40		18		59	19	7	
10		48		10	13	07	19	8	
1		55		1		14	19	7	
8	13	03		8		22	19	8	
3		10		3		29	19	7	
6		18		6		37	19	8	
9		25		9		44	19	7	
11		33		11		52	19	8	
7		40		7		59	19	7	
13		48		13	14	07	19	8	
12		55		12		15	20	8	
15	14	03		15		23	20	8	

行车计划(首站)　　表 2-14(3)

某路　　第 3 页　共 4 页

到达时间				发出车辆					
班次	到达时间		车辆动态	班次	发出时间		停站时间	行车间隔	单程点
	h	min			h	min			
16	14	10		16	14	31	21	8	40
4		18		4		39	21	8	
18		25		18		47	22	8	
10		33		10		55	22	8	
1		40		1	15	03	23	8	
8		48	停						
3		55		3		11	16	8	
6	15	03		6		19	16	8	
9		10		9		27	17	8	
11		18	停						
7		25		7		35	10	8	
13		33		13		43	10	8	
12		41		12		51	10	8	
15		49		15		59	10	8	41
16		57		16	16	06	9	7	
4	16	05		4		13	8	7	42
18		13		18		19	6	6	
			加	2		25		6	
10		21		10		31	10	6	
1		29		1		37	8	6	
3		37		3		42	5	5	

续上表

到达时间				发出车辆					
班次	到达时间		车辆动态	班次	发出时间		停站时间	行车间隔	单程点
	h	min			h	min			
			加	5		48		6	
6		45		6		53	8	5	
14		52		14		59	7	6	
9		59		9	17	05	6	6	
7	17	06		7		11	5	6	
13		12		13		17	5	6	
12		18		12		23	5	6	
17		24		17		29	5	6	
15		30		15		35	5	6	
16		36		16		41	5	6	
4		42		4		47	5	6	
18		48		18		53	5	6	
2		54		2		59	5	6	
10	18	00		10	18	05	5	6	
1		06		1		11	5	6	
3		11		3		17	6	6	
5		17		5		23	6	6	
6		22		6		30	8	7	41

行车计划(首站)　　表 2-14(4)

某路　　第 4 页　共 4 页

到达时间				发出车辆					
班次	到达时间		车辆动态	班次	发出时间		停站时间	行车间隔	单程点
	h	min			h	min			
14	18	28		14	18	37	9	7	41
9		34		9		44	10	7	
7		40		7		51	11	7	
13		46		13		58	12	7	
12		52		12	19	06	14	8	40
17		58		17		14	16	8	
15	19	04		15		23	19	9	
16		10		16		31	21	8	
4		17		4		40	23	9	
18		24		18		48	24	8	
12		31	停						
10		38		10		57	19	9	38
1		45		1	20	06	21	9	

续上表

到 达 时 间				发 出 车 辆					
班次	到达时间		车辆动态	班次	发出时间		停站时间	行车间隔	单程点
	h	min			h	min			
3		52		3		15	23	9	
5		59	停						
6	20	06		6		24	18	9	
9		13		9		34	21	10	36
7		22	停						
13		30		13		44	14	10	
12		37		12		54	17	10	
15		46		15	21	04	18	10	35
16		55		16		14	19	10	
4	21	04	停						
18		13		18		25	12	11	
10		22	停						
1		30		1		37	7	12	
3		40		3		50	10	13	
6		52		6	22	04	12	14	
9	22	04		9		18	14	14	
12		16		12		32	16	14	
15		28		15		46	18	14	
18		40		18	23	00	20	14	末车
1		53	停						
3	23	00	停						
6		21	停						
9		35	停						

行车计划（末站）

表 2-15（1）

某路

第 1 页　　共 4 页

到 达 时 间				发 出 车 辆					
班次	到达时间		车辆动态	班次	发出时间		停站时间	行车间隔	单程点
	h	min			h	min			
				12	5	00		首车	35
				15		09		9	
				14		18		9	
				18		27		9	37
				17		36		9	
1	5	35		1		44	9	8	39
3		44		3		52	8	8	
6		52		6	6	00	8	8	

续上表

到达时间				发出车辆					
班次	到达时间		车辆动态	班次	发出时间		停站时间	行车间隔	单程点
	h	min			h	min			
9	6	00		9		07	7	7	40
7		07		7		13	6	6	41
8		14		8		19	5	6	
			加	13		25		6	
12		21		12		30	9	5	42
15		27		15		35	8	5	
11		35		11		40	5	5	
14		41		14		45	4	5	
			加	16		50		5	
4		49		4		55	6	5	
18		56		18	7	00	4	5	
17	7	02		17		05	3	5	
10		07		10		10	3	5	
1		12		1		15	3	5	
3		17		3		20	3	5	
2		22		2		25	3	5	
6		27		6		30	3	5	
9		32		9		35	3	5	
5		37		5		40	3	5	
7		42		7		45	3	5	
8		47		8		50	3	5	
13		52		13		56	4	6	41
12		57		12	8	03	6	7	40
15	8	02		15		10	8	7	
11		07		11		17	10	7	
14		12	停						
16		17		16		24	7	7	
4		22		4		31	9	7	
18		27		18		38	11	7	
17		32	停						
10		38		10		45	7	7	
1		44		1		52	8	7	
3		51		3		59	8	7	
2		59		2	9	06	7	7	
6	9	07		6		13	6	7	
9		15		9		21	6	8	

行车计划(末站)　　表 2-15(2)

某路　　第 2 页　共 4 页

到达时间				发出车辆					
班次	到达时间		车辆动态	班次	发出时间		停站时间	行车间隔	单程点
	h	min			h	min			
5	9	23		5	9	29	6	8	40
7		31		7		37	6	8	
13		39		13		45	6	8	
12		47		12		53	6	8	
15		55		15	10	01	6	8	
16	10	03		16		09	6	8	
4		11		4		17	6	8	
18		19		18		25	6	8	
10		27		10		33	6	8	
1		35		1		41	6	8	
3		43		3		49	6	8	
6		51		6		57	6	8	
9		59		9	11	05	6	8	
7	11	07		7		13	6	8	
13		15		13		21	6	8	
12		23		12		29	6	8	
15		31		15		37	6	8	
16		39		16		45	6	8	
4		47		4		53	6	8	
18		54		18	12	00	6	7	
10	12	02		10		08	6	8	
1		09		1		15	6	7	
8		17		8		23	6	8	
3		24		3		30	6	7	
6		32		6		38	6	8	
9		39		9		45	6	7	
11		47		11		53	6	8	
7		54		7	13	00	6	7	
13	13	02		13		08	6	8	
12		09		12		15	6	7	
15		17		15		23	6	8	
16		24		16		30	6	7	
4		32		4		38	6	8	
18		39		18		45	6	7	
10		47		10		53	6	8	
1		54		1	14	00	6	7	
8	14	02		8		08	6	8	
3		09		3		15	6	7	
6		17		6		23	6	8	
9		24		9		30	6	7	
11		32		11		38	6	8	
7		39		7		45	6	7	
13		47		13		53	6	8	

行车计划(末站)　　表 2-15(3)

某路　　第 3 页　共 4 页

到达时间				发出车辆					
班次	到达时间		车辆动态	班次	发出时间		停站时间	行车间隔	单程点
	h	min			h	min			
12	14	55		12	15	01	6	8	40
15	15	03		15		09	6	8	
16		11		16		17	6	8	
4		19		4		25	6	8	
18		27		18		33	6	8	
10		35		10		41	6	8	
1		43		1		49	6	8	
3		51		3		57	6	8	
6		59		6	16	04	5	7	41
			加	14		11		7	
9	16	07		9		18	11	7	
7		15		7		24	9	6	42
13		23		13		30	7	6	
12		31		12		36	5	6	
			加	17		42		6	
15		40		15		48	8	6	
16		47		16		54	7	6	
4		54		4	17	00	6	6	
18	17	01		18		06	5	6	
2		07		2		12	5	6	
10		13		10		18	5	6	
1		19		1		24	5	6	
3		24		3		29	5	5	
5		30		5		35	5	6	
6		35		6		40	5	5	
14		41		14		46	5	6	
9		47		9		52	5	6	
7		53		7		58	5	6	
13		59		13	18	04	5	6	
12	18	05		12		10	5	6	
17		11		17		16	5	6	
15		17		15		22	5	6	
16		23		16		29	6	7	41
4		29		4		36	7	7	
18		35		18		43	8	7	
2		41		2		50	9	7	
10		47		10		57	10	7	
1		53		1	19	04	11	7	
3		59		3		11	12	7	

续上表

到达时间				发出车辆					
班次	到达时间		车辆动态	班次	发出时间		停站时间	行车间隔	单程点
	h	min			h	min			
5	19	05		5		18	13	7	
6		11		6		25	14	7	
14		18	停						
9		25		9		33	8	8	40
7		32		7		42	10	9	

行车计划(末站)　　表 2-15(4)

某路　　第 4 页　共 4 页

到达时间				发出车辆					
班次	到达时间		车辆动态	班次	发出时间		停站时间	行车间隔	单程点
	h	min			h	min			
13	19	39		13	19	50	11	8	40
12		46		12		59	13	9	38
17		54	停						
15	20	03		15	20	08	5	9	
16		11		16		17	6	9	
4		20		4		26	6	9	
18		28		18		35	7	9	
10		35		10		44	9	9	
1		44		1		54	10	10	36
3		53		3	21	05	12	11	35
6	21	02		6		17	15	12	
9		11		9		29	18	12	
13		20	停						
12		30		12		41	11	12	
15		39		15		53	14	12	
16		49	停						
18	22	00		18	22	05	5	12	
1		12		1		18	6	13	
3		25		3		32	7	14	
6		39		6		46	7	14	
9		53		9	23	00	7	14	末班车
12	23	07	停						
15		21	停						
18		35	停						

一份完整的行车时刻表除了要有发车时刻表之外,还必须包括劳动班次表和简

要汇总表(表2-16、表2-17)。

________路________日劳动班次表 表2-16

年 月 日

班次	车号	报到		出场		站发时间	交接班时间				全日工时	班型
		时间	地点	时间	地点							
1		4:45	首			5:00	12:09 末				7.24	早
									15:43 末	23:08 首	7.25	晚
2		6:25	首			6:40	10:01 首		16:10 首	19:46 首	7.12	大单
3		4:54	首			5:09	12:24 末				7.30	早
									15:51 末	23:15 首	7.24	晚
4		5:54	首			6:09	13:32 末				7.38	早
									13:32 末	21:19 首	7.47	晚
5		6:40	首			6:55	10:24 首		16:33 首	20:14 首	7.25	大单
6		5:02	首			5:17	8:12 首	替12班	12:09 首	15:41 首	6.42	小单
									15:59 末	23:36 首	7.37	晚
7		5:17	首			5:32	12:54 末				7.37	早
									12:54 末	20:37 首	7.43	晚
8		5:24	首			5:39	8:47 首		11:22 首	15:03 首	7.02	小单
9		5:10	首			5:25	8:17 首	替15班	12:17 首	15:49 首	6.49	小单
									16:07 末	23:50 首	7.43	晚
10		6:10	首			6:25	13:47 末				7.37	早
									13:47 末	21:37 首	7.50	晚
11		5:42	首			5:57	9:12 首		11:52 首	15:33 首	7.11	小单
12		4:45	末			5:00	12:09 首				7.24	早
									15:41 首	23:22 末	7.41	晚
13		6:10	末			6:25	13:48 首				7.38	早
									13:48 首	21:35 末	7:47	晚
14		5:03	末			5:18	8:27 末		15:56 末	19:33 末	7.01	大单
15		4:54	末			5:09	12:17 首				7.23	早
									15:49 首	23:36 末	7.47	晚
16		6:35	末			6:50	14:10 首				7.35	早
									14:10 首	22:04 末	7:54	晚
17		5:21	末			5:36	8:47 末		16:27 末	20:09 末	7.08	大单
18		5:12	末			5:27	8:27 末	替1班	12:09 末	15:43 末	6.49	小单
									16:13 首	23:50 末	7.37	晚
替1	6班	8:12	首				15:59 末				7.47	日
替2	9班	8:17	首				16:07 末				7.50	日
替3	18班	8:27	末				16:13 首				7.46	日
替4	3班								12:24 末	15:51 末	3.27	日

行车时刻表简要汇总

表 2-17

场：　　路：　　点：　　　　　　　　年　　月　　日

车型	解放	配车	通		单程点	高峰	42	运送速度	高峰	14.29	劳动班组	司机	33.5	首末车时间		首车	末车
路长	10km		单	18		低峰	40		低峰	15		售票员	33.5		首站	5:00	5:00
															末站	23:00	23:00

各峰配车情况	峰别	全路配车	断面小时车次			停站车			车辆周转分	劳动工时利用				
			车次	合运力	间隔	班数	总分	平均		班别	班组	总工时	平均	利用率(%)
	早高峰	18	12	960	5			3	90	整班	21	9601	457	95.2
	上午低峰	12	7.5	600	8			8	96	小单班	5	2073	415	86.4
	中午低峰	14	8	640	7.5			12	105	大单班	4	1726	432	89.9
	下午低峰	12	7.5	600	8			8	96	日班				
	晚高峰	16	10	800	6			5	94	替行	3.5	1430	432	89.9
	晚二次	11	6.5	520	9			10	99	合计	33.5	14830	443	92.2

全日车次公里

类别	车次	公里
长次	292	2920
区间		
快车		
联运		
专车		
摆站		
小计		
调度		
其他		
总计		
里程利用率(%)		

车辆动态

早高峰后	首站	4
	末站	2
	回场	
	行驶	12
晚班收车	首站	11
	末站	7
	回场	
首车至 8:00 车次		
首站	长次	32
	区间	
末站	长次	30
	区间	

吃饭起止时间

上午				下午			
起止时间	总分	班组	平均	起止时间	总分	班组	平均
11:29—13:22	240	13	18.5	19:04—20:54	220	11	20

区间车调度方法

起止站段	起止时间	配车	车次	间隔	单程点

第三节　行车时刻表的使用和管理

一、行车时刻表的管理规定

1. 北京公交集团负责行车时刻表的宏观控制

(1)统筹全局,根据不同时期的重点工作,布置不同阶段行车计划编制的指导意见,协调控制运力投入。

(2)审定不同时期的行车计划汇总,并做好收编工作。

(3)控制行车计划编制的基础指标,包括线路的平均路长、运送速度、营业时间、极限间隔和五峰客流断面等。各客运分公司提出具体数据报北京公交集团批准后,不能擅自更改。

(4)不定期组织全市性的客流调查和针对性的客流调查。

2. 分公司负责行车时刻表的日常管理

(1)确定各路线的单程点、首末车时间;确定线路的行车间隔、营业公里、里程利用率、工时利用率等指标。

(2)根据行车时刻表的编制原则和北京公交集团整体要求,结合运力、客流等条件,拟定编制方案,下达车队。

(3)审批并监督车队执行行车时刻表。

(4)组织日常的线路客流调查,掌握客流变化资料,对客流断面的调整提出建议。

(5)按照北京公交集团要求,部署落实全市性或针对性的客流调查。

(6)按照规定,向北京公交集团调度指挥中心上报行车时刻表汇总及客流数据。

3. 车队负责行车时刻表的编制和执行

(1)组织对本线路各时组的客流进行调查,并将结果过上报运营计划部作为编制行车时刻表的依据。

(2)根据分公司下达的原则和指标,按照行车时刻表的编制原则和要求,结合运力、客流等条件,拟订编制运营方案,报分公司审批。

(3)车队对分公司批准的行车时刻表,应严格执行,不得擅自改变。行车时刻表应根据客流变化而变更。

(4)落实全市性或针对性的客流调查任务。

二、行车时刻表的审批要点

(1)高方向最大断面的小时运力能否满足客流需要。

(2)全日车次和各峰配车是否合理。

(3)各种调度方式是否恰当。

(4)各个时组的走行时间是否符合标准。

(5)各个时组的停站时间有无超标现象。

(6)吃饭时间是否错开高峰和是否符合规定标准。

(7)平均班公里是否符合标准要求。

(8)班工时及有效班工时是否符合标准要求。

(9)早晚间有无超过极限的行车间隔。

(10)首末车时间、配车、配班及车次有无变化。

三、各级管理部门的职责

1. 集团公司

(1)向各客运分公司下达各项指标控制数。

(2)重要时期对重点线路的行车计划进行审批。

(3)监控运营行车时刻表的执行情况。

(4)统计、分析各客运分公司运营指标完成情况。

2. 分公司

(1)向车队下达各项指标数以及行车时刻表的编制要求。

(2)审核分公司线路行车时刻表的编制情况。

(3)定期组织客流调查,验证行车时刻表的合理性。

(4)监控线路行车时刻表的执行情况。

3. 车队

(1)根据分公司运营科下达的各项指标、完整的客流资料以及本期行车时刻表应修改的内容编制线路的行车时刻表。

(2)行车时刻表和劳动班次表编制完毕后,填写好汇总表,一并交分公司运营科审批,待批准后拟定出不同岗位的行车时刻表,向车队职工贯彻执行。

(3)行车时刻表原则上每季度编制一次,但要依据客流动态的规律和客观条件的变化,根据有关指标的完成情况及时地调整、修改。

(4)日常注意对客流动态规律和运行状况的观测、记录、统计和分析,并定期上报。

(5)严格执行行车时刻表,指挥车辆运行,认真记录行车时刻表的执行情况。

(6)自觉地维护行车时刻表的严肃性,行车时刻表一经审定,任何单位和个人不得擅自更改、变动。记录运行情况要真实。

第三章

公交运营线路的行车速度及车辆利用

第一节　速度和行车速度

一、物理学上速度的概念

速度是描述质点运动快慢和方向的物理量,等于位移和发生此位移所用时间的比值。速度是一个矢量,它的方向就是移动的方向。速度的大小叫作速率,区分速度与速率的唯一标准就是速度既有大小也有方向,而速率则有大小但没方向。

瞬时速度是指运动的物体在经过某一个位置或在某一个时刻的速度。也可以说,瞬时速度是指运动物体经过某一点或在某一瞬时的速度,是对物体运动情况的一种细致描述。

平均速度是指物体通过的位移和所用时间的比值。平均速度是物体位移跟发生这个位移所用的时间间隔之比,是对物体运动情况的一种粗略描述。

在匀速直线运动中,平均速度与瞬时速度相等。

宇宙间客观事物的发展变化以及各种事物的形成,都是由开始到结束、从萌芽到成熟的时间决定的。因此,速度可分为两大类:一类是物体移动速度,另一类是事物发展速度。行车速度属于前者,而城市建设速度则属于后者。

国际单位制中,速度的基本单位为米/秒,符号为 m/s;常用单位为千米/小时,符号为 km/h。

计算公式:

$$v = \frac{s}{\Delta t} \tag{3-1}$$

式中:v——速度矢量;

s——位移矢量;

t——时间。

二、研究行车速度的重要意义

城市公交企业的基本任务明确规定为“以运营服务为中心,努力为乘客提供安全、方便、快捷、舒适的乘车条件,最大限度地节约社会活动时间”。为了实现上述经营管理上的要求,必须重视行车速度的研究。采取一切必要的措施提高运送速度,加速车辆的周转,实现“快捷和节约社会活动时间”的要求,这不仅可以满足乘客出行的要求,还可以节约车辆、降低成本,并促进城市功能的充分发挥。

从市政建设和公交企业经营管理的角度来看,提高行车速度是十分重要的。城市化程度越高,这一点就越重要。许多发达国家为了改善城市交通状况,在道路建设和车辆上投入了大量的人力、物力和财力。因此,作为服务于全社会的重要出行方式的公交企业,把速度的研究工作列入日程是企业肩负的重要工作之一。

公交企业研究行车速度意义在于以下四点:

一是实现企业经营方针和基本任务的重要内容。

二是居民出行的客观要求,也是企业编制行车时刻表,改善运营质量的重要依据。

三是加强企业管理、增加运力和降低成本的重要措施。

四是改善城市建设和推动城市发展的重要组成部分,通过速度的研究,为城市规划、道路修建、交通管理、车辆制造、环境保护等方面提供科学的参考数据。

三、行车速度的种类

由于交通状况随时间变化,仅用某一位置、某一瞬间的速度来描述车辆的状态,往往缺乏代表性,因此常用平均速度来描述车辆的运行状态,即通过若干次观测,并记录事先确定长度的道路上不同车辆或车次的通过时间消耗,然后加以平均。常用的平均车速有时间平均车速和区间平均车速两类。日常使用的车速指标(如技术速度、运送速度等)都是在这两个概念上分别进行的引伸。

行车速度可分为以下几种。

1. 设计速度

设计速度主要是根据车辆本身的构造及各部机件的质量,特别是制动系统及传动系统方面的机械、电气、空气压缩等各种设备的牢固性、灵敏度和可靠性所允许的最大速度。设计速度所反映的是车辆本身的设计性能。

2. 极限速度

极限速度是根据行车安全而定的最大允许速度,极限速度不仅取决于行车制动距离、轨线和道路的设备状况、车身的构造,还取决于交通管理规定和安全驾驶操作规定。

3. 技术速度

技术速度是指车辆在线路上行驶的平均速度。它是反映车辆技术性能、驾驶员操作水平、道路条件和交通管理水平的指标,是线路长度(L)和行驶时间(T_1)的比值,计算公式为

$$V_{技} = \frac{L}{T_1} \tag{3-2}$$

技术速度又称为平均技术速度,原因是车辆在线路上行驶的过程是一个受各方面因素影响而形成的一种极其复杂的运动,有起和停,有加速和减速,有低速和高速,因此把这些变化加在一起用平均的数值表示为车辆在线路上的技术速度。理论上的计算应该是一个站间从发出站起动行车至到达站制动停车,排除各种影响因素,按照各种车辆自身的功能,完成站间的运行过程。但在实际运行过程中,不可能按照车辆自身功能有规律地行驶,要受客观变化(如灯岗、路口、堵塞、车流等)的影响。因此,在一个站间就有可能发生几次加速、减速或被迫停车、重新起步、再加速等过程,形象的比方就好像电波的运动。车辆在一条线路各个站间的周而复始的运动,理论上应该是比较规律的、有节奏的、脉冲式的运动。但是由于各种客观因素的影响,出现了许多干扰,所以对这个复杂的过程,确定一个数据只能按照线路长度和所用的行驶时间来计算(图3-1)。

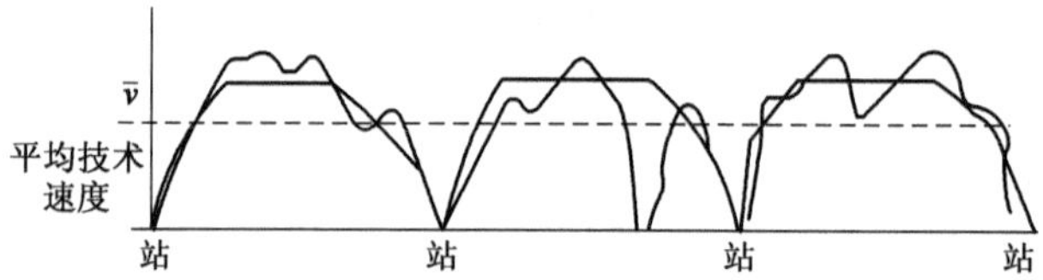

图3-1　车辆运行示意图

4. 运送速度

运送速度是指运送乘客的实际速度。运送速度是反映乘客旅行时间的速度,也是乘客乘车的速度。乘客乘车时所用的时间是由运行速度来决定的。运送速度是线路长度(L)与行驶时间(T_1)和沿线各站停留时间(T_2)之和的比。计算公式为

$$v_{送} = \frac{L}{T_1 + T_2} \tag{3-3}$$

5. 周转速度(运营速度)

周转速度,又称为运营速度或营业速度,是指车辆的周转次数快慢的速度。它也是反映运营管理和车辆利用的速度。企业的大部分支出都与周转速度成反比(车辆数、车场及设备数和职工人数),因此企业必须注意提高周转速度。周转速度是线路长度(L)与行驶时间(T_1)、沿线各站停留时间(T_2)、始发站及终点站停站和回车时间(T_3)之和的比。计算公式为

$$v_{周} = \frac{L}{T_1 + T_2 + T_3} \tag{3-4}$$

6. 各种行车速度的计算例题

【例3-1】 围绕京通快速路公交专用道的施划,进行某线速度调查。线路配单机车型,线路长度11.5km,平均行驶时间33min,沿途停站时间8min,首末站停站时间均为5min。请分别计算小时技术速度、运送速度、周转速度。

解：

$$技术速度 = \frac{路长}{行驶时间} \times 60 = \frac{11.5 \times 60}{33} = 20.91(km/h)$$

$$运送速度 = \frac{路长}{行驶时间 + 沿途停站时间} \times 60 = \frac{11.5 \times 60}{33 + 8} = 16.83(km/h)$$

$$周转速度 = \frac{路长}{行驶时间 + 沿途停站时间 + 末站停车时间} \times 60$$

$$= \frac{11.5 \times 60}{33 + 8 + 5} = 15(km/h)$$

第二节　行车速度的调查

城市公交企业研究行车速度是为了充分利用运营车辆，更好地组织运输和管理运输服务，通过每条线路一个个的运输过程揭示运输组织的客观规律性。

一、调查内容

（1）研究行车速度和道路的关系。

（2）研究和了解运输过程中影响行车速度的主、客观因素。

（3）提供编制行车时刻表的数据。

（4）提供合理的组织运输和企业管理的科学依据。

（5）提供城市规划、道路修建、车辆制造和交通管理等方面的参考数据。

为此就必须把一个运程时间的构成加以分解，进行分类的调查研究。图 3-2 所示的是一个行程的行车时间构成示意图，图中的时间分解是为了研究一条线路在一个单程的运行中与行车速度有关的各项内容而制定的。通过大量的调查，可以掌握其规律性，从而为编制行车时刻表提供科学依据。

单程行驶时间由行驶时间和沿站停留时间两个部分组成。其中，行驶时间是指行车时刻表规定应该运行的时间，包括纯行驶时间和站间停留时间。

纯行驶时间是指轮胎滚动的时间。纯行驶时间包括车辆起动后，从低速挡到高速挡的时间。这段时间应做单独的调查记录，再配合这段时间行走的距离，可以研究驾驶员的操作和车辆加速性能，是速度调查中的重要内容。这方面的数据不但为研究驾驶操作提供依据，而且为车辆制造提供依据。

站间停留时间包括红灯停车、堵车停车、铁路道口停车、故障、事故等各种临时性的停车，也可以说是运行过程中被迫停驶时间。

沿站停留时间中的起动准备时间是指在停车站从乘务员发出走车信号时起，到轮胎开始滚动时止。它包括驾驶员听到信号的反应时间和起动操作的时间。从车轮滚动时起即进入行驶时间。

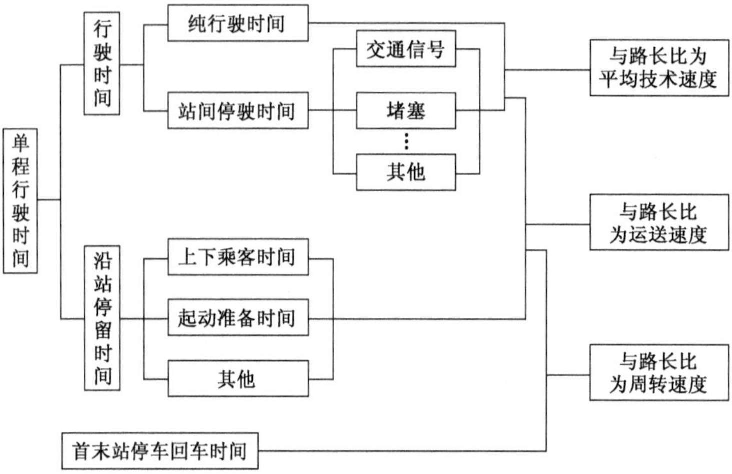

图 3-2　一个行程的行车时间构成图

总之,对运行时间的分解,必须把每个时间构成规定得详细具体,这对研究速度非常重要。如果时间概念不清就难以在运行过程中找出内在的、本质的规律性,调查分析的数据也就失去了科学性。

二、调查方法

行车速度的调查可采用以下方法。

1. 随车测定法

随车测定法是指设专人随车记录按照运程时间分解的内容。随车记录人员要尽可能多采集数据,以便揭示其规律性。为了能详尽地记录运程时间分解的各个组成,可根据调查内容配备随车人员。例如,测定驾驶员各项操作时间,应在驾驶员旁边设立一个测定工位,负责记录起动时间、换挡加速时间、灯岗阻断时间等。又如,测定沿站上下车乘客的停留时间,就应在车门旁设立测定工位,负责记录每站上下人数、停留时间等。

2. 模拟测定法

模拟测定法和随车测定法在记录方法上基本相同,有所不同的是,模拟测定法应由具有代表性的驾驶员驾驶指定车辆,不运载乘客,以技术速度(路面条件和交通管理规定许可)按照正式运行的车辆沿站停车、起动。模拟测定法的优点在于驾驶员有明确目的,不受现行单程点的约束;缺点是没有实载乘客,属于空车运行,只能模拟沿站进出站的操作。

上述两种方法均属整个过程的全貌调查。

3. 单项和局部路段的调查

除上述全貌调查外，为了取得某一局部地段或某一单项的规律和数据，还可采取单项和局部路段的调查。调查时应视调查的内容选择合适的调查方法，可在一个站点或一个站间进行，也可在车上装置测试仪对行车中的复杂运动进行写实。

(1)单项调查举例：车门宽度和脚踏板高度对乘客上、下车速度影响的调查。

这种调查方法是指在线路上或站上记录上下车人数和所占时间。整理时按各种不同车型的车门宽度和脚踏板的级数、地面的距离进行分组，然后把与之相对应的上下车乘客的人数和所占时间进行计算，对大量的调查数据进行分析和整理，提出最合理的、便于上下乘客、减少停站时间的车门宽度和脚踏板高度的数据，提供给车辆制造单位，以改进车辆设计。

(2)局部路段的调查举例：

调查某一路段的行车速度，称为地点速度。它是利用测定时间和距离的方法来推算速度。调查时，距离短的可以用停表法，距离长的或观测不便的可用填表法(或称为牌照法)。

停表法类似运动会赛跑的形式，事先确定路段起止的两端，然后设观测员用秒表计测，两端各设 1 人，被测车辆驶入起测端，观测员举旗，止测端观测员开始秒表计测。当被测车辆驶至止测端，止测端观测员停表，然后把所调查的数据进行记录。这种方法也可在止端设 1 人，始端确定一个明显的标志，如图 3-3 所示。

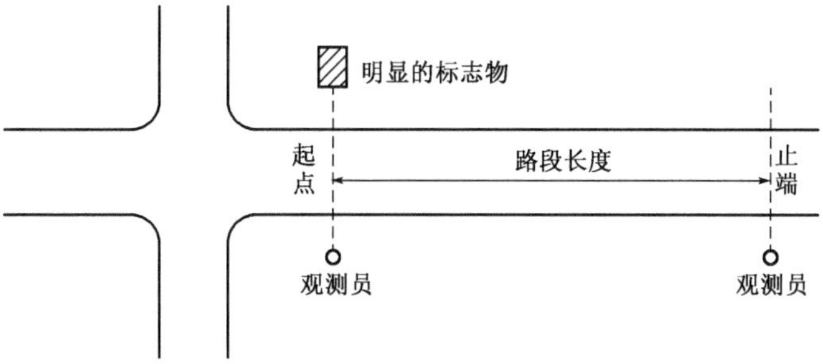

图 3-3　地点速度调查示意图

当能见度差或有弯道时，起、止两端均设观测员，各自记录起止时间以及车号。调查时采用填表法，然后进行加工整理。

4. 比照数据调查

对于在同一路段公交线路较多，并行距离较长的线路可采取比照数据调查。在新开线路确定区段速度时可以参照既有线路的速度。通过比照数据调查，对不同分公司、线路相邻、线长相近、道路条件相同、运行时间及运行速度差异明显的线路比对,了解差异,进行指导性调整。特别是在长站距离的同程公交走廊上,如快速路上公交专用道中途不设站,一站直达的情况要协调统一此路段的各条线路的区段技术速度。

5. 通过智能交通系统的调查

1)基于GPS数据的公交速度调查

使用手持GPS调查,可以记录车辆的瞬时速度;利用公交车上搭载的GPS自动全球定位模块来实现对公交车辆的连续定位,利用这些位置数据的分析,通过特定的数据处理算法,可以得到每一辆公交车到达不同站点的具体时刻,利用站点间的距离和站点间的耗时可以计算得到公交车辆的运送速度。这是一种公交速度的自动采集手段。由于数据量较大,通常需要利用专门的公交车速度计算和分析系统来获取。

2)基于三级调度系统的公交速度调查

北京公交集团在使用的由驾驶员、乘务员刷卡记录车辆发出和到达信息,可以得到运营车辆运送速度和运营速度的信息。通过参照计划运营速度对实际运行速度加以分析:可以了解道路拥堵对线路的影响;掌握不同时段的实际运行速度;可以考量行车时刻表分时运行时间,运行速度的偏离程度;指导各客运分公司、运营线路及时对时刻表进行有针对性的调整。

3)基于汽车行驶记录仪的公交速度调查

基于CAN总线的汽车行驶信息处理系统,通过对汽车行驶时间、速度及各个开关量信息进行记录、存储,不仅能够实现数据采集单元和数据分析软件之间的数据采集,还能根据车辆行驶信息,绘制出各种行驶曲线。它主要用于析出车辆行驶状态和驾驶员在驾驶过程中的各种操作,从而为有关部门对事故责任的鉴定提供有力依据。

三、车速与成本的关系

城市公交企业重点研究三个速度,即平均技术速度、运送速度和周转速度(运营速度),这是由行业性质和企业肩负的任务所决定的。这三个速度之间是密切相关的,并直接影响到企业的成本。

公交企业运营车辆技术性能的好坏关系到车辆的技术速度,运送速度和周转速度又是以技术速度为基础的。从乘客的角度来考虑,运送速度高,乘客的旅行时间就短;从企业管理和组织车辆运营的角度考虑,运营速度高,车辆的周转时间就短,车辆的利用率就高,成本就会相对降低。例如,某路路长为18km,运送速度为18.62km/h,单程点58min,停站点3min,运营速度为17.70km/h。根据早高峰客流量需要小时车次20次,行车间隔3min,该线路配车为41辆。若运送速度降低1.48km/h,为17.14km/h,

这时单程点为63min，在其他条件不变的情况下，配车需 44 辆，增加 3 辆车；若在此基础上停站点又增加 2min，降低了运营速度，配车将需 46 辆。

由此可见，车速的降低意味着配车的增加，成本的加大，反之亦然。

第三节　车 辆 利 用

一、研究车辆利用的意义

企业的工作必须以经济内容为核心，公交企业也不例外。在经济活动中，设备的使用和资金的利用是有周期性的（图 3-4）。

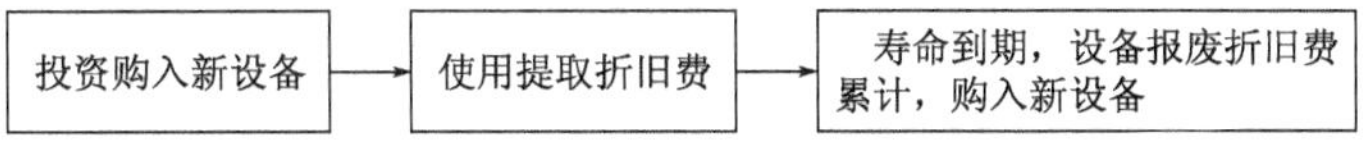

图 3-4　设备使用和资金使用的周期

通常，折旧费是从设备使用产生的收益中提取的。对于公共客运车辆，折旧费是从票款和财政补贴中提取的。若在循环周期中，提取的折旧费在累计之后不足以购置新车，则企业无法维持简单再生产，形成资产总值下降，持续发展，企业将面临破产。若企业的收入在支付成本之后还有盈余，则盈余部分成为企业利润，可用于扩大再生产、分配股息和提高员工福利。

国家规定，车辆的报废周期按两种指标控制：行驶里程和购置年限，即二者之其一达到报废标准，车辆即应该报废。例如，大客车，规定为 80 万 km、购置年限为 10 年，若车辆 10 年内行驶里程不足 80 万 km，到期时仍要报废，则企业要承担经济损失。

由于上述原因，如何更充分地利用车辆，发挥其效能，成为企业必须研究的问题。车辆利用的指导思想如下：

（1）增加单位时间内的营业里程，减少空驶里程，以增加收入，降低成本。在公交企业中，有些指标是和车辆行驶里程有关的，如油耗；有些指标是和车辆行驶里程无关的，如站务设施。因此，可以在单位时间内，通过增加车辆的营业里程来增加收入，降低成本。

（2）均衡使用车辆，争取各辆车的行驶里程与其车龄按比例增加。这样即使不能保证报废里程与报废年限同时到达，也可以使在用车辆保持较好的车况。例如，在 10 年报废期到达时，第一种情况是 1 号车和 2 号车都行驶了 60 万 km；第二种情况是，1 号车行驶了 40 万 km，2 号车行驶了 80 万 km。则第一种情况要好于第二种情况。其原因是，接近报废里程的车辆，其车况一般较差，车况较好，则故障率、维修费用和油耗都会下降，从而在另一方面降低了成本。

二、提高车辆周转速度

由于线路的营业里程是固定的,提高车辆周转速度,实际上是减少车辆在不同阶段的时间消耗。减少时间消耗可从以下几个方面进行。

1. 缩短行驶时间

缩短行驶时间应采用公交优先措施。在车辆增长远远大于道路增长的情况下,交通拥堵以至于堵塞是经常出现的。为了使公共汽车对乘客有足够的吸引力,许多国家都实施了公共汽车优先通行政策,为保证公共汽车的行驶,采取了公交专用道和路口优先等措施。

2. 合理布置站位,减少进出站干扰

在有多条线路并停的站位,通过合理布置,可以减少进站车辆与出站车辆的相互干扰,从而缩短进出站时间。

3. 减少乘客上下车的时间

降低车厢地板将缩短乘客上下的时间,北京公交集团正在逐步完善此项工作。

减少乘客上下车时间的方法,是指要建立一种乘务人员和乘客之间、乘客与乘客之间的行为规范,通过良好的秩序来减少时间的浪费。

三、减少低效或空驶里程

所谓低效或空驶里程,是指载客量较少或不载客的里程。在运营过程中,低效里程是不可避免的,但也是可以减少的。

由于城市是由中心区逐步扩展的,企业的职工大多数在中心区或中心区边缘居住,为了避免因照顾职工上下班而形成的空驶里程,北京公交集团建立了一个交流平台,定期组织职工进行内部交流,解决员工由于住址的变迁而遇到的困难,体现企业对员工的关爱。

四、车辆均衡使用

要使各车辆的行驶里程与其车龄之比相近,就要在运营工作中,努力争取对不同车辆的均衡使用。由于各种原因,即使是相同线路的车辆,在同一时期中行驶的里程也可能有所不同。例如,车辆发生故障,当日运营计划就可能无法完成,造成其行驶里程低于其他车辆。而不同线路的车辆,差异可能更大。市区线路,道路拥堵,车速慢,车辆行驶里程少;郊区线路,道路通畅,车速快,车辆行驶里程多。高峰线路,只在高峰时间运营,车辆日行程肯定少于普通线路。对车辆的均衡使用,可以从以下两方面着手：

(1)线路内车辆均衡使用。在编制行车计划和采取临时调度措施时，有意识地增加对里程利用不足的车辆的使用。在几条线路统一调度的情况下，可以在不同线路之间调剂使用。这是一项细致而烦琐的工作，最好能用计算机辅助处理。其方法是：制订车辆每日的里程计划，记录车辆的总行驶里程，在每日的行车计划中，优先使用计划里程与实际里程差距较大的车辆。

(2)线路间的车辆互换。不同线路之间的车日行程可能差距较大，可采取车辆互换的方法。车辆互换应在同种车型间进行，互换不宜过于频繁。

第四章

大型活动公交组织

第一节　大型活动交通需求特点

一、大型活动的定义

大型活动既会带来显著的交通影响,也会产生显著的经济、政治、文化影响。在全面研究大型活动对交通的影响及参考国内外关于大型活动的研究资料的基础上,从交通的角度对大型活动的定义是:具有预先可知的时间和空间范围,具有大量参与者,能够产生显著交通影响的社会活动。

为了加强对大型群众性活动的安全管理,保护公民生命和财产安全,维护社会治安秩序和公共安全,2007 年 10 月 1 日国务院颁布了《大型群众性活动安全管理条例》,规定大型活动是指法人或者其他组织面向社会公众举办的每场次预计参加人数达到 1000 人以上的活动,包括:体育比赛活动;演唱会、音乐会等文艺演出活动;展览、展销等活动;游园、灯会、庙会、花会、焰火晚会等活动;人才招聘会、现场开奖的彩票销售活动等。

二、大型活动的分类

1. 按照大型活动的举办场所分类

(1)固定场所的大型活动。在场馆内举办,具有固定的座位,参与人数相对明确,散场客流相对集中,如足球赛、演唱会、文艺表演等。

(2)非固定场所的大型活动。在社会道路、公园、展览中心等地点举办,参与人数不固定、活动时间较长的大型活动,如马拉松、自行车赛、园博会、APEC 会议、展览展销会等。

2. 按照大型活动的举办规模分类

(1)一般规模的大型活动。参与人数在 10 万人以下,举办时间较短,如中超比赛、CBA、演唱会等。

(2)中等规模的大型活动。参与人数在 10 万人以上,大部分为非本地人员,如全运会、锦标赛、北京国际汽车展等。

(3)特大规模的大型活动。参与人数在 100 万人以上、举办时间较长,在多个场馆同时进行,须采取一定的交通管控,如国庆庆典、奥运会等。

3. 按照大型活动的举办内容分类

(1)体育赛事。

(2)文艺表演、演唱会。

(3)人才招聘、展览展销。

(4)庙会、游园等类型的大型活动。

4. 按照大型活动的举办范围分类

国际级、国家级、省级、市级等类型的大型活动。

三、大型活动的特点

1. 规模大

大型活动参与人员数量巨大,不管是直接参与者,还是观众、服务人员,参与人员数量巨大,综合类大型活动往往在多个场地举办或在不同城市进行,通常会超过10万人,甚至达到数百万人,如国庆庆典。

2. 持续时间长

有些大型活动筹备时间、组织时间和运行时间都比较长。例如,奥运会、博览会等大型活动,前期需要对大型活动期间的公交进行研究与规划,明确公交优先政策,为此前期准备需要较长时间。

3. 所在区域集中

大型活动举办地点和直接影响区域非常集中,使得局部交通压力大增。在大型活动期间,公交需要提前采取调整行车间隔、增加机动车等措施,做好参与大型活动人员的运送与疏散工作。

4. 举办地点多样

有些大型活动定期在固定的场地举行,有些在新建或改建的场地举行,有些同时在几个不同的场地举行,有些在临时建设的场地举行,有些在广场、道路或公园举行。

5. 通常使用临时场地和设备设施

大型活动的场地多数是临时占用的,为了满足活动的需求,经常会有一些临时增加的设备设施,有时还可能会改变固有场地的使用性质。在活动结束后,这些区域的临时功能将会取消,交通量也相应降低并恢复日常水平。

6. 不确定性因素多

大型活动规模大、持续时间长,受恶劣天气、地震、火灾、人为破坏等因素影响的可能性大。因此,在组织管理过程中需要针对各种不确定的因素进行全面的风险评估,提前制订预案。

7. 社会影响大

大型活动可以体现承办城市的人文精神、道德风尚和社会面貌。一些区域性、国际性大型活动,更是展现当地政治、经济、文化发展成果的重要窗口,是展示当地风土人情、居民素养、政府管理水平的一面镜子,是拓展对外交流、增进了解和融合的重要机会。

8. 交通影响大

大型活动会产生和吸引大量客流,同时由于道路封闭、车辆限行等交通管制措施的应用,对公交系统运行、社会车辆出行都会产生较大影响。例如,一些路段只允许公交车辆通行,公交客流量会显著增加。

四、大型活动对交通系统的影响

随着我国社会经济的发展,我国的综合国力和国际地位不断提升,举办奥运会、世界博览会等大型活动的机会也将越来越多。大型活动对于承办城市既是机遇,也是挑战。大型活动通常会对承办城市的经济发展、社会进步以及政治影响力产生巨大的促进作用,而大型活动产生的交通需求、资源需求、资金需求也会影响城市居民的生产和生活。

大型活动可以显著地影响社会交通的安全程度、畅通程度和出行时间的可靠性,主要体现在三个方面:产生新的交通需求、减少现有交通系统的容量和带来安全隐患。其中,减少现有交通系统的容量是指大型活动交通管制措施会占用或封闭周边交通设施(部分道路、车道和停车场),从而减少交通供给;带来安全隐患是指大型活动期间可能产生的交通事故、人群拥挤踩踏事故、活动参与者骚乱和恐怖袭击等。以奥运会的交通影响为例,历届奥运会的交通系统面临的首要问题是突发性高强度人流疏散管理,能否妥善处理该问题是决定奥运会交通运行系统成败的关键。奥运会开幕式散场是人流量最大、组织最为复杂的人流集散过程。

安全、高效、经济的交通组织规划与管理是成功举办大型活动的重要保障。制订大型活动交通组织规划与管理方案,有助于适当调节城市交通系统,管理大型活动产生的交通需求,缓解活动期间的交通供需矛盾,在成功举办大型活动的同时减少对承办城市交通系统的不利影响。

五、地面公交在大型活动中的作用

地面公交相对于小汽车来说是一种更高效的出行方式,采用公交出行,可降低道路交通负荷,保障道路畅通,减少尾气排放,改善城市环境;可减少举办大型活动地点的停车场建设，缓解城市停车场建设对城市土地利用的压力，降低道路交通基础设施建设投资。因此，历届举办奥运会的城市都倡导参与者采用公交方式出行，同时限制小汽车的出行。北京奥运会采用凭奥运门票可免费乘坐公交的方式倡导参与者采用公交方式出行，并采用单双号限行措施限制小汽车的出行。在倡导参与者采用公交方式出行的同时，要提高公交的运输效率和服务水平。

当然，在引导参与者采用公交方式出行的同时，也需要提供更加完善的公交服务，主要包括提高服务水平、扩建公交系统和建设公交运营组织与系统等三方面措施。其中，提高服务水平的主要措施包括在现有服务基础上延长服务时间、增加发车频率、提高舒适程度；扩建公交系统主要包括新建快速公交线路（轨道交通线路、BRT线路），增设地面常规公交线路，设置公交专用道路、专用车道和优先车道，调整公交路线（在场馆附近增设车站等）；建设公交运营组织与调度系统可以挖掘公交系统潜力、提高管理能力和运营效率、为乘客提供高质量的服务。

第二节　大型活动公交运营组织与调度

公交组织通常是大型活动交通保障工作中的一部分，往往是要由政府或大型活动组委会牵头建立交通组织机构，成立运行指挥中心，各相关单位作为成员在交通保障任务中各负其责开展工作。

一、大型活动公交运营组织与调度的主要工作

（1）成立交通保障和指挥机构。在政府或组委会的指导下，负责协调大型活动临时公交设施的建设；负责大型活动内部用车服务和外围公交运力资源筹集；负责交通运行政策协调；负责协调交通管理和安保部门；负责协调宣传工作；负责活动期间的交通运行指挥协调等。

（2）明确公交所承担的任务。公交所承担的任务包括：活动引发的客流规模、特点的需求预测；对外承诺的公交服务水平；政府对公交要求；活动举办地点的情况；活动自身特征；交管安保等外围政策；活动起止时间及有关交通的时间节点；以及周边轨道交通的情况；等等。

（3）制订公交调度措施。明确活动对公交影响的范围、道路、线路、时段、影响的形式和程度。以公安交管部门发布的管制通告为蓝本，制订常规公交的运行预案和临时调度措施。

（4）制订公交保障方案。根据活动需求和现有公交、轨道交通的条件，结合活动提供场站和现有公交设施制订公交保障方案。当遇到大型活动（奥运会等）时，还要

提前筹备,规划公交专线,增加公交车辆人员等运力投入。

(5)落实运行筹备的相关工作。按照大型活动要求筹备车辆;编制行车计划,按照方案配置人员,明确票制票价;结合人员、线路、客流、车辆等特点,制订安全服务保障措施,在重点站台安排安全监控和秩序维护力量;设计制作安装站务设施和行车标识;接收临时公交场站做好后勤保障等。

(6)建立与轨道交通协调机制,制订应急预案,必要时进行应急演练和测试。

(7)相关软硬件设施建设。相关软硬件设施建设包括为活动服务的轨道交通和地面公交的相关基础设施建设,以及公交运营组织与调度系统、乘客信息服务系统等的建设。

(8)协调解决好公交车高速公路免费通行,公交车辆(含包车)、指挥车证件以及调度指挥人员证件等问题。

(9)做好对公众的宣传工作。通过各种媒体宣传大型活动对常规公交的影响和公交措施,以便市民提前选择出行路线;同时,宣传大型活动公交服务方案,引导活动参与者乘坐公交出行。必要时协调主办方,在票面上加印交通提示或印制、发放交通宣传手册,以疏导观众有序散场。

(10)活动期间,做好活动现场监控、调度指挥、信息报送和协调工作;活动结束后,做好总结工作。

(11)根据大型活动规模、性质和主办单位情况,在活动前要明确公交服务的出资单位:大型活动是商业行为的可由主办单位出资;大型活动是政府组织行为的,要由政府对运输企业的支出予以补贴。

当然,根据活动规模和自身特点,上述工作可以适当取舍或增加新内容。

二、大型活动交通需求的特点

(1)交通需求短时间内骤增。大型活动的持续时间短则几小时,长则几个月。其间,该局部地区的交通需求突然增大,而后恢复正常;对于短时间的大型活动可通过临时交通管制措施予以解决;对于历时较长的大型活动可考虑适当增加必要的相关硬件设施(如道路和车场等)。

(2)交通需求总量大、时间集中。大型活动引发的交通需求量远大于城市同等规模用地产生的交通需求量,大型活动期间,单位面积聚散交通量达到常规用地交通需求量的数十倍。

(3)大型活动交通量聚散过程中,周边路网上交通流量、流向不均匀系数极大。大型活动的交通流具有集中聚集和集中离去的特性。一般来说,大型活动的人流在散场时比进场时更加集中,因此散场时的交通冲击波比进场时的交通冲击波更大;时空分布不均,具有大流量冲击高峰。

(4)大型活动在周边道路引起的交通流量高峰具有明显的时空波动特征。交通量高峰像水波一样随时间沿着主要集散道路由活动场所逐渐向外扩散并消失。不同的路段(或交叉口)会在不同的时间出现不同大小的交通量高峰。

(5)人流、车流混杂,活动诱增的交通量大。通常大型活动诱增的交通量非常巨大,周边道路往往承受不了正常交通量与诱增交通量的叠加交通量,给交通管理者带来巨大的压力。为满足大量人流集散的需要,需要效率高的交通方式来承担。

(6)参加活动的人员易出现集中行动,集体入场和离场的情况较多。此时,如何实施交通需求管理,并进行有效的交通组织是保证大型活动交通需求得以满足的重要课题。

(7)可达性、准时性要求高。大型活动举办由于时间的确定性,大型活动的参与者必须在活动开始之前顺利到达会场,这就要求对活动周边路网进行有效的交通管理组织,疏通容易导致活动参与者不能准时入场的节点、线路,设置合理的交通行进线路。

(8)特殊需求优先、兼顾公平。与常规交通需求不同,大型活动交通需求往往具有明显的优先层次性。特别是活动中贵宾的参加,必然影响到其他活动参与者的出行。确定交通需求的优先级具有其必要性的一面,但是如何满足不同层次大型活动出行需求,并尽可能降低对社会背景交通需求的影响,最大限度地体现交通供给的"公平"原则,是大型活动交通组织管理的重要目标。

(9)安全性要求高。大型活动交通参与者众多,少则数万,多则数十万,而且大型活动社会影响巨大,交通管理和运输服务中涉及安全的问题事关重大,必须放在第一位去考虑。

(10)应对突发事件能力强。公交是大型活动应急疏散的主要工具,如何在突发事件发生时,在最短的时间内安全地疏散大量的活动参与人员是公交应急的关键所在。在应急事件处理中,公交的角色和任务主要有交通疏散与公交安全保障。

三、大型活动对公交运营需求

大型活动的公交组织可根据活动规模、特点、影响区域及活动时空特点分为不同的类别。在各类大型活动背景下,对于公交运行调度和需求特点也有所不同。

(1)大型政治会议,如全国两会、中非论坛等大型会议。其特点是会期较长,在10天左右;政治性强,道路交通管制频次较高,特殊勤务对常规公交运营的影响较大。公交组织的重点是应对会议车辆行经线路、会场周边的交通管制对公交运行秩序的影响。

(2)大型会展活动,如花博会、世界妇女大会、博览会等。其特点是会期较长,在城市相对独立的区域举办。有的展会距市区较远或者在常规公交不甚发达的区域举办,必要时,需要有专门的公交系统来提供服务。

(3)大型文体活动,如足球赛、文体表演、车展、大型招聘咨询会、庆典。其特点是,活动在城市中心的体育场馆举办,集散时间较短。有的活动结束后可能出现群众聚集庆祝。

(4)占路活动,如马拉松、竞走、公路自行车、铁人三项、花车游行等活动。其特点是,这类活动一般集中在1天或半天内,对交通影响持续的时间较长,影响区域较广,进而对于局部换乘节点造成压力,对线网整体的影响较大。这类活动一般安排在周六、日进行。

(5)大型庆典,如中华人民共和国成立60周年系列庆祝活动。交通管制对社会交通影响大,公交既要安排大量运力运送游行背景等人员,又要安排线路的停驶、绕行、分段行驶、恢复等。特别是当影响涉及轨道交通的正常运营时,需要整体协调安排方案。

(6)奥运会、残奥会等特大体育赛事,综合了各类大型活动的特点。主要特点如下:

①观众出行对公交整体需求增大。大型活动期间,将采取多种措施限制私人小汽车的使用,如场馆周边限制停车、“控制圈”禁止无证件车辆进入等。主办方和政府经常采取持赛事门票免费乘坐公交的办法引导观众乘坐公交,私人小汽车出行的比例将向公交方式转化,抵离比赛场馆的观众、工作人员和志愿者将主要依靠公交出行,这使得由赛事引发的公交客流大幅增加。

②城市运行对公交整体需求增大。为保证赛会期间城市道路畅通,政府会实行限制小客车使用的政策,如停驶公务车、小客车分单双号使用等。为此小客车日常出行量的一部分要转移到公交中。

③受安保、安检等措施的影响较大。

④对于场站、标识、通信等硬件设施需求大,对于站台候车等现场组织要求高。

⑤开、闭幕式等公交组织成为交通组织成败的关键。需要构建专用的公交集散网络,实现与轨道交通与外围二级疏散线路的有机接驳。

⑥各场比赛在城市的不同地点同时举行,同时出现多个公交组织重点,运力调配频次高、难度大。

⑦午夜后散场的情况较多,与地铁的配合较为紧密,是散场组织的关键。

公交在不同类型的大型活动中发挥着不同的作用,大型活动公交调度的目标都是合理利用公交资源,科学调度和集中组织,尽可能减少大型活动交通组织对现有交通系统造成的影响,满足大型活动客流集散和社会日常公交出行的多层次需求。对大型活动公交的研究重点要解决三个问题:一是解决由于大型活动的管控措施或道路拥堵对公交线路正常运行的影响问题。二是解决如何满足大型活动产生的公交需求问题。三是解决如何统筹调配运力资源问题。

四、大型活动公交组织的特点

地面公交组织是以公交线路、线网、场站设施为基础，根据乘客对公交需求，对公交的运力进行合理配置和灵活调度，组织公交车辆有序运行，组织乘客在场站及站台有序乘降，为乘客提供快捷、安全、准点、舒适的公交服务。

在大型活动中，人员集聚和集中出行需求的特性决定了公交作为效率最高的交通方式在组织、疏散中的重要作用和不可替代的地位。大型活动公交组织具有如下特点。

1. 艰巨性

大型活动形成较短时间内的大量人员集聚所带来的诱增交通量非常大，而现有城市常规公交网络的建设通常是为了满足城市居民日常出行的需求。其周边路网通行能力、公交网络布局、线网结构和公交运力，往往不能很好地满足大型活动的特殊交通需求。因此，与城市日常交通运输的公交组织和运营管理相比，大型活动的交通组织管理是一项在日常交通组织和服务基础上，如何充分利用现有公交资源，合理增加公交运力或临时线路，保证公交服务能力的过程，是一项更为艰巨的任务。

2. 复杂性

大型活动的公交组织管理需要考虑众多因素，既要保证活动优先级别参与者的出行安全和顺畅，能享受较高的服务水平，又要满足普通参与者和日常居民出行的基本交通要求。因此，在大型活动公交组织管理中，需要科学地规划公交线网、安排运力以及与常规公交、轨道交通的协调接驳，必要时要建设临时公交场站并增加车辆，并系统地综合运用各种交通组织措施，包括智能化调度、交通信息采集及其实时发布等技术。因此，大型活动的公交运营组织和调度具有较强的复杂性。

3. 临时性

大型活动的交通组织管理措施大多数是临时措施，在此期间的公交组织与调度也具有临时性的特点。随着大型活动的结束，这些管理措施也将取消。临时性交通管理措施主要影响的是路网上的既有流量，而且会改变居民的正常路径选择行为。因此，在交通组织管理方案的制订和评价中要充分考虑这一特性。

4. 可持续性

大型活动的公交组织应体现可持续性：

(1)在同一场所举办同类型的大型活动(如体育比赛、展会)，采取的公交组织方案应保持延续性，形成相对固定的模式以方便乘客认知。

(2)对于奥运会等大型活动的公交组织，要充分考虑赛后场馆利用对公交的需求，可将部分公交临时场站转化为永久场站服务于新建场馆的赛后运行。

五、常规公交线路在大型活动期间的调度方法

受大型活动的影响,常规线路运行出现异常。在运营组织中为平衡运输,可提前采取措施减小对乘客的影响,或者在运行中采用相应补救办法和手段。

1. 变动行驶路线

对于采用行驶路线变动较大的方法,一般事前要做好调度预案。当大型活动的影响导致局部线路或全线不能正常通行时,为最大限度地满足乘客需要,一般采用绕道行驶、分段行驶、缩短行驶、停驶和封站5种方法。

(1)绕道行驶。绕道行驶即临时变更线路,绕过堵车路段。当采用绕道行驶时,行程长度和行驶时间有所增减,需根据周转时间和车辆条件,另行安排临时行车计划。

(2)分段行驶。分段行驶即把线路全程分为两段行驶,需重新安排分段的临时行车计划。分段行驶后,车辆有多余,对抽停车辆及停车地点,要考虑到恢复全线行驶时的方向。

(3)缩短行驶线路。若线路阻塞的地段无其他道路可绕行,则采用临时缩短线路的方法,行车计划也应另作安排。

(4)停驶。当线路主要客流段受到活动影响,线路受波及较大,无法采取绕行、分段、缩短等措施时,线路应采取停驶的措施。

(5)封站。受交通管制或安保等影响,某些站位在活动期间不能停车,即可采取封站措施。途经该站位的全部线路都要甩站通过。

在采取上述方法时,要做好信息公示工作。通过公交网站或各种媒体将方案提前公之于众。以便乘客在出行前做好选择。

2. 采取临时调度措施

大型活动对常规公交的影响往往是不可控的,也可能影响到事先没有做安排的线路。有时因为影响范围扩大,原来的预案不能实现线路正常周转,则要采取临时调度措施。作为一种可选择的手段,在计划调度中常用的区间车、大站快车、单向快车、调整行车间隔、直达车等发车方式均可作为临时调度措施使用。具体采取哪些措施应由线路调度员综合考虑,迅速做出正确决断。

(1)调整线路营运能力。调整线路营运能力即用增加或减少运行车数的方法,使运能与变化较大的运量相适应。由于活动影响,当线路的客流量超出本线路的运能时,如事先能掌握,应及时通知上级调度和车队调度组,动员本线路即将退出运行的车辆加班行驶;如事先没有掌握,本线路又无停驶车辆可用,应及时向上级调度中心汇报,组织车场内、区域机动点的机动车或抽调其他线路的车辆支援。

(2)屯车。为应对临时突发性情况,在活动期间可在线路首末站或有条件的中途站屯一部分预备车辆,在运营秩序不正常或客流量无规律地突然增加时,适时加入运营。

(3)放车。调整车辆中途停站次数。可采用:①空车发出,中途载客;②本站载客,越站停车;③临时大站快车等形式加快线路周转,迅速到客流突发地点,及时消减客流的峰尖。

(4)正常班次内放大间隔,抽车直达。当大型活动临时性客流增加,可在正常班次内放大间隔,抽车加强客流增加的断面。当首站遇有集体客流,方向一致,人员较多时,可抽车直达解决。

(5)区间。对于活动入场散场高峰,线路可在此时段发区间车,及时到达活动地点增加运力。

六、大型活动专用公交系统的运营组织

大型活动专用公交系统是指专门为大型活动而设置的公交系统。大型活动专用公交系统具有三个特征:

(1)以现有的公交网络(包括公交、轨道交通网)为基础,弥补现有公交运力与大型活动公交需求之间的差距。大型活动专用公交系统要与现有公交系统有机融合,不可搞成单独的系统。

(2)专用线路走向、运力配备、运行方式、营业时间等紧紧围绕大型活动对公交服务的需求确定。

(3)组织形式多样,运营方式灵活,票制票价可根据具体情况或筹办方要求,在政府相关部门的指导下制定。

常见的运营组织形式有散场屯车、专线以及仓(专)车三种。

1. 散场屯车

在大型活动散场客流聚集的公交站点,安排主要的常规线路在散场之前屯车。在散场高峰时加入线路运行,提高常规线路运能。当活动散场时间晚于线路末车通过时间时,视情况安排主要线路屯车。

另外,如果是全市性的大型活动夜间散场,可以在延时运营的轨道交通、专线车、屯车线路的末端站安排第二级的屯车,再将乘客运送到城市的各个方向。通常情况下不采取全市范围内公交延长营业时间的措施。

2. 专线

专线是指为大型活动而开辟的临时公交线路。

(1)专线的开辟主要考虑两个客流条件:

①活动规模较大,持续时间较长,现状公交在运力、方向上不能满足活动对公交的需求。

②活动地点距离现有公交服务网络较远,需要专线接驳。

专线构建要与现状公交网有机地结合,作为补充但不可替代公交线网。其主要服务对象是参与活动的观众,不能把公交专线与活动员工通勤线混淆。

(2)专线的类型。

①入场散场快线。以快车或直达方式运行的专线在活动进出场高峰时间运行,主要服务于散场,运行计划视大型活动进程灵活安排。服务于比赛的线路可在大型活动入场后至散场前停驶。

这类线路与现状公交关系:弥补现状公交线路运力上的不足,其特征是速度快,具有灵活性和临时性。在现状公交主要方向上以临线的方式增加运能。线路在场站待客,活动举办地周边不设中途站,利用快速路、高速路直达外围的公交网络或枢纽。这类线路不宜过长,能接到现有公交接驳点即可。网络不要过于分散,应尽可能集中运力加强短途周转。

②接驳线(摆渡线)。将大型活动举办地与轨道交通站点或与自驾车停车场相衔接。线路采取直达方式,既是轨道交通服务的延伸,也是与个体交通形式的衔接。这类线路的特点是,路长较短、点对点直达、发车频次较高、运力较大。

③临时公交线路。这类线路运行方式与常规公交线路相似,采取公共汽车线路形式组织运行,中途设站,有固定的营业时间、行车间隔。对奥运会、大型博览会等举办时间长、新建道路场馆多的大型活动,线路重点服务于活动涉及的新建场馆。

临时公交线路利用新建道路资源为大型活动提供公交服务,弥补了现状公交线路在方向上的不足。此外,这些线路还可以与城市公交线网整体规划相结合,活动后经调整保留,以提高公交线网覆盖率,服务于新建公共场所。

3. 包(专)车

团体包车是满足大型活动有组织的观众、活动参与者、工作人员集体出行的包租车服务,是大型活动交通的主要形式之一。其特点是乘客有组织,用车单位有个性化需求,通常是本车去、本车回,用车单位与乘务人员需要紧密联系。运行中有单车作业的情况,但更多的是成组、成队的包车,这时出车单位要有带队人员,以便整体协调指挥。

一般在举行奥运会等大型活动时,需要统筹城市大客车资源。大型活动的包车应统一管理,由政府运输主管部门或大型活动组委会牵头,负责团体包车的总体协调。协调企业间的包车任务和运力,负责包车的停车、车证及后勤保障等事宜。客运企业负责执行包车的统一价格,统筹包车组织;负责包车的具体实施和现场组织;负责包车业务的落实。

七、大型活动公交组织与调度对智能公交系统的需求

智能公交系统是指在公交网络分配、公交调度等关键基础理论研究的前提下，利用系统工程的理论和方法，将现代通信、信息、电子控制、计算机、网络、GPS、GIS 等高新科技集成应用于公交系统当中，并通过建立智能调度系统、信息服务系统、电子收费系统等，实现公交调度、运营、管理的信息化、现代化和智能化，保证车辆的准点运行，提高公交车辆运行速度和公交服务质量，从而形成一种定时、准确、高效的综合公交运输系统。智能公交系统为出行者提供更加安全、舒适、便捷的公交服务，从而吸引公众采用公交方式出行，缓解城市交通拥挤，有效地解决城市交通问题，创造更大的社会和经济效益。

进入 20 世纪 80 年代以来，为提高公交服务水平，许多国家公交部门开始应用先进的信息与通信技术进行公交车辆定位、车辆监控、自动驾驶、计算机辅助调度以及提供各种公交信息服务。美国主要是研究基于动态公交信息的实时调度理论和实时信息发布理论，以及将先进的电子、通信技术应用到使用效率高、舒适环保的公共汽车车辆全程的使用中，提高公交效率和服务水平。

欧洲许多国家的城市街道一般都比较狭窄。但是，它们通过实施公交优先政策，设立公交专用道，为公交车辆提供优先通行信号，布设智能公交监控与调度系统等措施，提高公交车辆运行速度和公交服务质量以吸引公众乘坐公交车出行，从而有效地缓解了城市交通压力，解决了城市交通问题，并取得了显著的社会经济效益。

近年来，我国的城市公交事业得到了迅速发展，政府积极实施公交优先发展政策，对于先进技术的引入给予大力支持。这些都为智能公交系统在我国的实施提供了有利条件。

以人工调度为主的传统公交调度系统和模式，对于公交客流较为稳定的日常情况可以从容应对。但是大型活动客流的特征使得这种服务于社会通勤出行的常规公交调度和运营组织技术不能很好地满足客流匹配和智能化公交运营的需求。大型活动客流具有时空集聚性、非常规性和需求波动性，必须依靠更快捷、更准确的客流监测手段、智能化调度技术和信息发布技术等，才能实现公交的科学化、智能化调度，以更好地满足大型活动客流需求和交通流特性。

大型活动公交运营组织与调度对智能公交的需求可分为以下五类：

(1) 客流信息需求。基于历史客流数据或者大型活动客流预测技术预测客流量、客流流向等信息，实时采集客流信息为组织模式、客流相对固定的大型活动（如球赛、大型文体演出）提供较为准确的客流信息。

(2) 车辆监控的需求。利用定位技术、无线通信技术，实现对运营车辆的动态监测，通过技术手段，加强大型活动公交运营过程的监测。

(3)调度指挥的需求。大型活动特别是执行大型包车任务时,车辆现场带队人员、发车点、落客点、停车点的调度员要与车队及时联系;大型活动场内客流监测人员与车场调度员需要保持联系;各级调度指挥中心之间信息和调度命令的传递等都需要通信保障。

(4)安全运营的需求。大型活动的公交运输,涉及面更广,社会关注度更高,因此在公交安全运营方面具有更高的需求,需要通过各种技术手段,保障交通运营车辆、场站的运营安全,提高公交安全性。

(5)乘客服务的需求。公交网站、交通服务热线具有动态查询公交服务信息的功能,可提供大型活动相关的线路时刻、站点等信息。

建立现代化、信息化、智能化的公交运营组织与调度系统,实现公交线路、人员、车辆、场站的集中管理和统一调度,实现运输资源的优化配置,对于提高公交资源使用效率,提高公交运营服务水平,缓解城市交通拥堵以及重大型活动的公交控制等方面都具有十分重要的意义。

第三节　大型活动公交组织案例

2019 年中国北京世界园艺博览会(以下简称“世园会”)在北京延庆区举办,此次世园会是中国政府主办、北京市政府承办的 A1 类世界园艺博览会,是级别最高、影响最大的园艺博览会,北京公交集团承担了此次大型活动的交通运输保障任务。

一、世园会基本情况

世园会主会场位于延庆城区西南,妫水河南岸,延康路以西,百康路以北,距离北京城区约 70 公里,如图 4-1 所示。世园会于 2019 年 4 月 29 日至 10 月 7 日举办,会期 162 天,每日开园时间 8:00,闭园时间 21:00,入园截止时间 18:30,园区每日最大接待游客量 22 万人次。世园会开幕前预测客流总量将达到 1228.2 万人次,工作日(108 天)预计客流为 5 万~10 万人次;周末、五一、端午、中秋等高峰日(54 天)预计客流为 10 万~14 万人次;国庆期间预计客流将突破 15 万人次。

二、世园会周边交通保障

1. 周边道路情况

世园会期间,京礼、京藏两条高速路是前往世园会的主要通道,京礼高速(六环路至延崇高速小大路出口)设置世园会专用道。京礼高速营城子立交、小大路收费站、延康路收费站、大浮坨收费站；京藏康庄收费站、八达岭收费站成为前往世园会的重要交通节点，如图 4-2 所示。

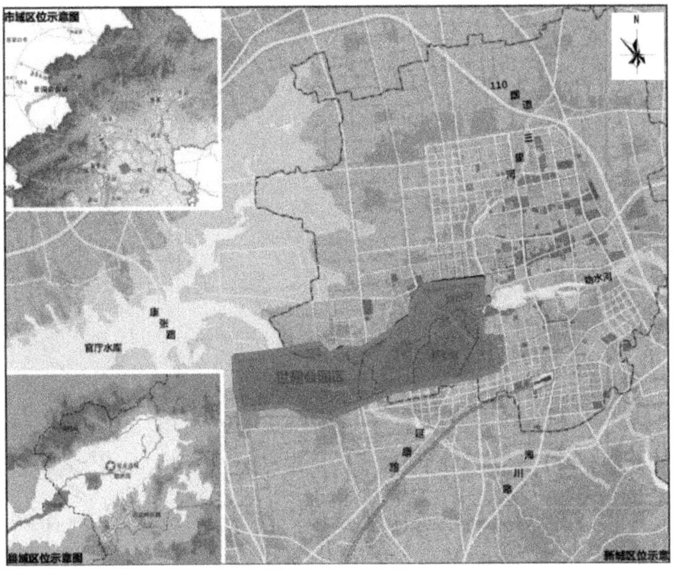

图 4-1　世园会主会场及周边示意图

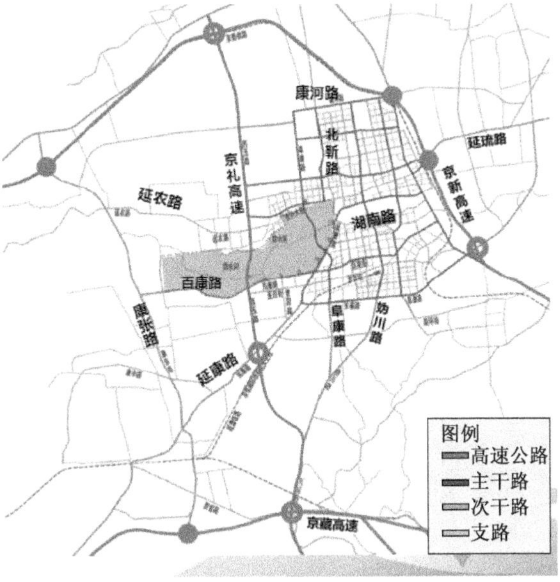

图 4-2　世园会主会场周边道路情况

2. 园区出入口和周边场站

世园会主会场周边共设 10 处出入口，其中主入口 2 处，分别位于百康路和延康路一侧，与园区外围规划设置的交通设施紧密衔接；次入口 7 处，分布于主入口两侧，依次沿百康路、延康路、西玉路、延农路设置。其中 5 处位于妫水河南岸，2 处位于妫水河北岸；VIP 主要出入口一处，位于围栏区西南角，百康路一侧，如图 4-3 所示。

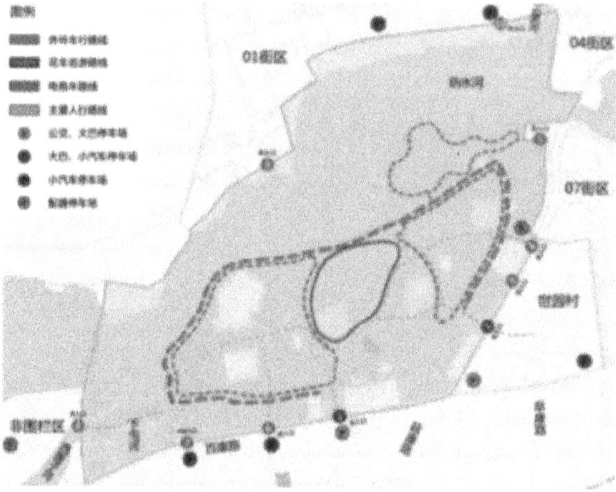

图 4-3　世园会出入口位置示意图

设置永久性停车场 2 处,临时性停车场 11 处,其中,P3 和 BH3 停车场提供公交运营使用。地铁朱辛庄站周边设置公交临时停车场,世园会外围设置 P7、P8、P9 三处小客车停车场,如图 4-4 所示。

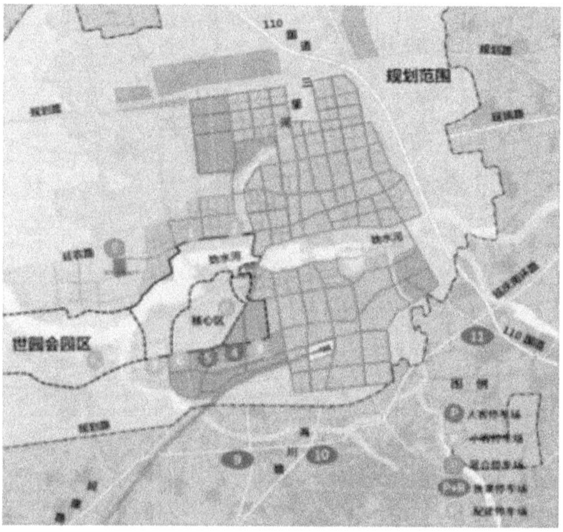

图 4-4　世园会园区周边停车场

3. 票务政策

世园会采取凭身份证实名制购票,以预约为主,留有现场票。

三、世园会周边公交

世园会周边 7 条常规公交线路分别为 Y4、Y10 内环、Y10 外环、Y21、Y44、Y44 延庆园、Y46 路。

四、世园会运营线路保障情况

1. 世园会开通的保障线路

为满足游客集约化出行，同时解决城区、远郊区、延庆火车站、P + R 停车场等到达世园会主会场周边的交通出行问题，北京公交集团开行城区至世园会主会场的公交专线、S2 线延庆火车站至世园会主会场的接驳线路、周边 P + R 停车场至世园会主会场的摆渡线路、远郊区至世园会主会场的定制专线。

(1)公交专线。世园会期间，北京公交集团开通地铁朱辛庄、北安河、天通苑北、西二旗、金安桥、六里桥东站至世园会主会场的 6 条公交专线，如图 4-5 所示。

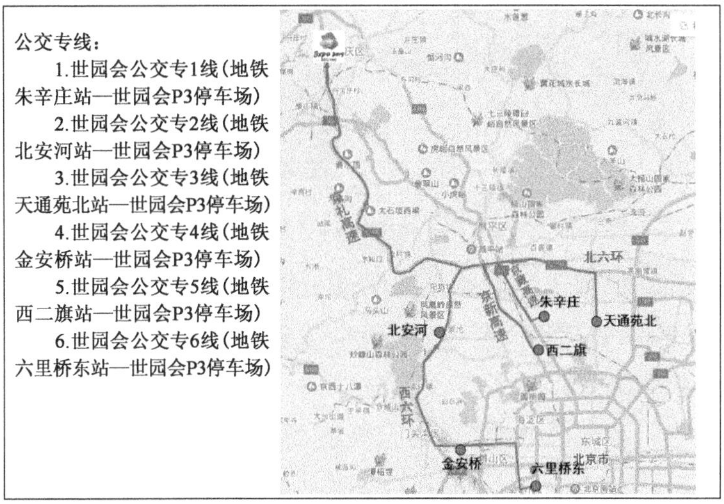

图 4-5　世园会公交专线示意图

世园会期间根据 S2 线黄土店站大客流情况，按照市交通委运输保障工作要求，临时开通霍营公交场站至世园会主会场的公交专线，如图 4-6 所示。

图 4-6　世园会公交专 7 线示意图

(2)接驳线路。开通 S2 线延庆火车站连接世园会主会场的接驳公交线路,如图 4-7所示。

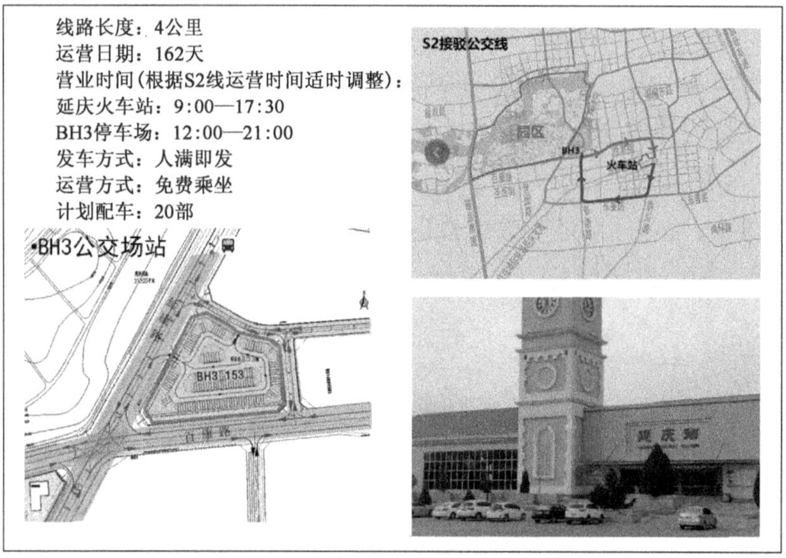

图 4-7　接驳摆渡 1 线示意图

(3)摆渡线路。根据市交通委交通保障工作要求,陆续开通世园会 P1/P2、P7、P8、P9 等四处停车场,连接世园会主会场及世园会 4 号门至 6 号门的门区摆渡公交线路,如图 4-8 ~ 图 4-10 所示。

(4)定制专线。根据市交通委及各区交通局提出的远郊区前往世园会的出行需求,北京公交集团开通远郊区至世园会主会场的定制公交专线,提供点对点的公交出行服务。

(5)区域线路。按照延庆区交通局线路设计开行 4 条区域精品旅游专线及 1 条大客流应急疏散专线,如图 4-11 所示。

图 4-8　接驳摆渡 2 线示意图

线路长度：14公里

营业日期：54天(法定休息日、节假日)

营业时间：P7停车场：8:00—18:00

P3停车场：12:00—21:20

发车方式：人满即发

运营方式：免费乘坐

计划配车：40部

图4-9　接驳摆渡3线示意图

线路长度：7公里

营业日期：54天(法定休息日、节假日)

营业时间：P7停车场：8:00—18:00

P3公交场站：12:00—21:20

发车方式：人满即发

运营方式：免费乘坐

计划配车：20部

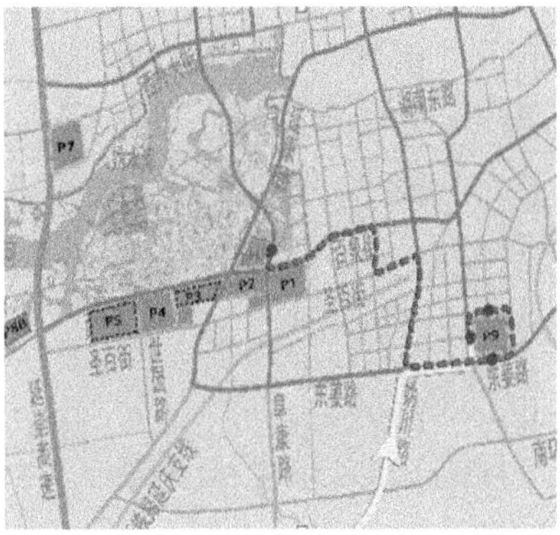

图4-10　接驳摆渡4线示意图

世园旅游专线：

世园旅游专线1：世园会BH3停车场—八达岭长城

世园旅游专线2：世园会BH3停车场—柳沟民俗村

世园旅游专线3：世园会BH3停车场—古崖居

世园旅游专线4：世园会BH3停车场—华海田园度假村

大客流应急专线：BH3公交场站—BH3公交场站

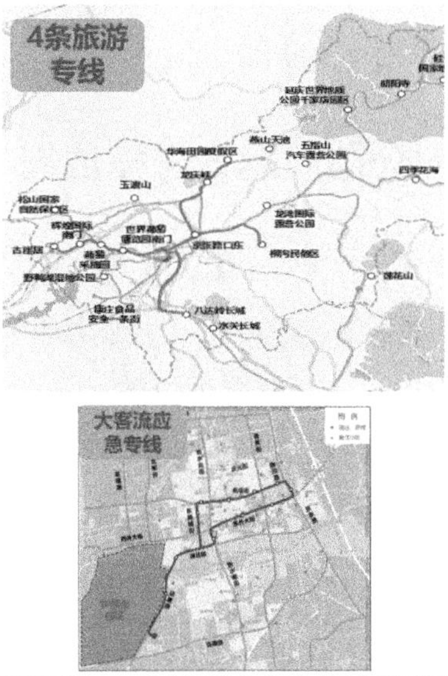

图4-11　世园会区域线路示意图

2. 票制票价

(1)世园会专线

7 条世园会公交专线单程票价 16 元,持市政交通一卡通刷卡不享受票价优惠,各类免费乘车证件无效。世园会门票设置世园会与公交专线联票票种,对乘坐世园专线出行的人群给予票价优惠。

(2)接驳、摆渡线路

采取免费乘坐的政策,包括 S2 延庆火车站至世园会主会场;P1/P2、P7、P8、P9 等四处停车场至世园会主会场共计 5 条线路。

3. 世园会保障线路运营方式

世园会公交专线采取一站直达的运营方式,城区发车站点都设置在地铁站周边,方便乘客的换乘出行。并根据游客出行需求、道路条件,选用了多座位的新版旅游车辆,乘坐相对舒适。接驳、摆渡线路则选用常规公交车辆运营,线路运营采取人满即发,最大间隔 30min 的发车方式。

(1)平日(108 天)

开行 1 条世园会公交专线(地铁朱辛庄站至世园会主会场),计划配车 60 部;开行 1 条 S2 接驳线路,计划配车 20 部。

(2)假日(37 天)

开行 7 条世园会公交专线,计划配车 180 部;开行 4 条 S2 及 3 处 P + R 停车场的摆渡线路,计划配车 100 部。

(3)节日(17 天)

开行 7 条世园会公交专线,计划配车 320 部;开行 4 条 S2 及 3 处 P + R 停车场的摆渡线路,计划配车 100 部。

五、世园会期间运输保障情况

世园会期间,北京公交集团先后开通了 17 条世园会保障线路。其中,7 条世园会专线依托城区地铁站点,实现了轨道交通和地面公交的“零距离”衔接,并且北京市地铁公司根据世园会公交专线末班车到达城区的时间适时延长地铁的运营时间,由相关地铁线路负责游客的接续运输工作。5 条接驳、摆渡线路有效满足了游客从 S2 延庆火车站至世园会主会场、停车场至世园会主会场、世园会园区出入口的接驳、摆渡需求。

截至 10 月 7 日世园会闭幕,北京公交集团世园会 17 条保障线路累计出车 21310 部,发出车次 58243 次,运送乘客 189.38 万人次;日均出车 132 部,发出车次 360 次,运送乘客 1.17 万人次。其中:7 条世园会公交专线累计出车 17783 部,发出车次

35121 次，运送乘客 99.73 万人次；5 条摆渡接驳线累计出车 3264 部，发出车次 21749 次，运送乘客 89.33 万人次；5 条旅游和大客流疏散公交专线累计出车 263 部，发出车次 1373 次，运送乘客 3148 人次。

第五章

管理信息系统

第一节 管理信息系统概述

北京市公交运营组织与调度系统是北京市公交系统第一个全面规划建设实施的以信息化为基础的运营组织与调度系统,它面向未来北京公交集团系统的长远发展,实现自上而下与自下而上双向信息的快速、准确地传达与上报,在提高公交运营信息化水平和管理水平的基础上,也为领导决策层提供准确而及时的运营信息资源,为及时优化公交资源配置、统一调度等提供分析、决策的基础。

为提高现有公交资源的利用效率,提高公交系统的服务水平和突发事件应变能力,在现代管理理念指导下,建立现代化、信息化、智能化的北京市公交运营组织与调度系统,实现各条线路人员、车辆的集中管理和统一调度,实现运输资源在多条线路间的动态优化配置,对于提升公交资源使用效率、提高公交运营服务水平、缓解城市交通拥堵等方面都具有十分重要的意义。

第二节 公交运营组织与调度系统的构成与功能

一、系统架构

系统设计为总中心(北京公交集团)、分中心(分公司)、车队三级调度模式如图 5-1 所示。其中,车队为线路首站统一调度,末站为无人调度。

(1)总中心存放所有分中心的运营和管理数据,主要实现数据仓库、统计分析和运营监控功能。

(2)分中心存放本分中心的运营和管理数据,主要实现分公司运营、技术、安全、服务管理,统计分析和监控功能。

(3)车队临时存放实时调度所需的临时数据(实际数据存放在分中心内),主要实现车队的运营、技术、安全、服务管理,统计分析和实时调度功能。

总中心与分中心用专线连接,分中心与车队(首站)通过 ADSL 和 VPN 方式进行通信,分中心与线路末站通过移动 GPRS 网络进行通信。

车队的调度模式为单点调度(首站统一调度),由首站调度系统和末站调度系统组成。

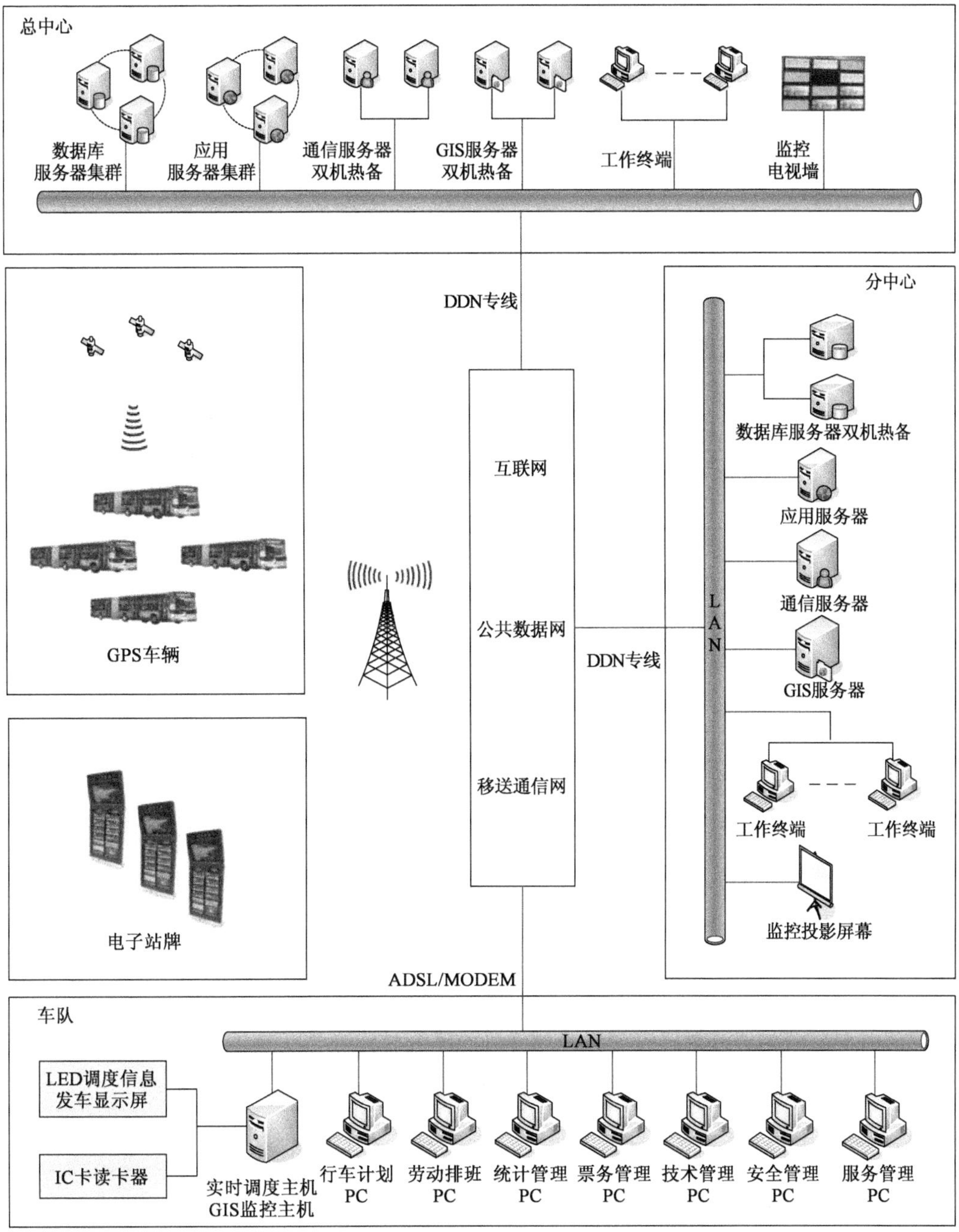

图 5-1　系统框架

车队分为首站系统和末站系统。其中,车队首站系统包括管理和调度计算机系统、发车显示屏和语音和刷卡设备。末站系统包括中央控制系统、发车显示屏和语音和刷卡设备。

二、系统功能

公交运营组织与调度系统一般由调度计划管理子系统、实时调度管理子系统、车辆实时监控子系统、劳动配班管理子系统、数据统计管理子系统等组成。

1. 调度计划管理子系统

调度计划管理子系统功能主要是对调度员进行的客流调查数据进行汇总,得到客流调查汇总表;编制行车计划,对已经通过审批的行车计划进行应用,具体选择在某一天使用某一份行车计划;对分工是技术部下达的车辆保养计划进行落实,具体选择适当的保养计划;对站务设施进行检查登记,录入数据。

调度组长的工作内容主要包括:负责制订线路行车计划,以便经济合理地使用车辆、劳动力,减少成本投入;组织安排客流大调查及一般性客流调查;负责线路配车的调整、车型更换、新车入册、旧车报废及封存;对所有生产指标进行汇总、分析,并上报分公司,反馈到基层单位;等等。

2. 实时调度管理子系统

实时调度管理子系统是公交运营组织与调度系统的核心模块,其主要功能见表5-1。

实时调度管理子系统功能说明　　表5-1

普通功能		
编号	功能名称	功能说明
1	行车实时调度	根据行车计划进行实时调度,填写行车记录表
2	调度日志管理	记录全天调度情况
3	签到管理	记录乘务人员出勤记录
4	包专车调度管理	根据调度组长的包专车计划生成派车单
5	保养调度管理	根据保养计划生成保养单
6	车辆故障管理	根据驾驶员报告的情况记录车辆故障情况
7	客流调查管理	进行客流调查,并记录客流情况
其他功能		
B1	区域行车实时调度	根据区域行车计划以及实际运营状况,进行区域行车实时调度,填写行车记录表

3. 车辆实时监控子系统

车辆实时监控系统是公交运营组织与调度系统的核心组成部分,是车辆监控系统在公交领域中的应用。通常,车辆监控需要依托地理信息系统(GIS),全球卫星定位系统(Global Positioning System,GPS)和无线通信等技术构建。GIS下的电子地图为车辆定位系统提供了车辆位置信息的可视化表现手段;GPS定位技术使车辆监控系统中的实时跟踪定位成为可能;而无线通信网络(如GSM/GPRS)则是在GIS和GPS之间构建一座数据通信的桥梁,使得远程监控成为可能。其功能如下:

(1)显示功能。对公交车辆的运行情况进行全面、实时、直观地监控和跟踪,通过对公交车辆的监控,了解市区道路交通情况。大屏幕显示 GIS 基本情况包括车辆分布、道路交通情况、客流分布等。

(2)跟踪定位。实时查询行驶车辆的所在位置、行驶速度和准确的时间信息。

(3)报警跟踪。当公交车辆有报警信号时,中心计算机自动将报警车辆置于窗口的中心并实时监控, 显示其运行轨迹和车辆有关信息。

(4)多屏显示。根据需要可以同时跟踪显示多个须监控车辆。

(5)选择监控。选择车辆进行监控跟踪显示,按需要可以分层对电子地图进行显示。

(6)轨迹回放。

4. 劳动配班管理子系统

劳动配班管理子系统面向的对象主要是公交车队劳务人员,该子系统下主要包括乘务人员考勤、劳动配班、备班管理等模块。模块主要功能包括:在乘务人员考勤模块中记录缺勤信息,并统计乘务人员的当班或休息情况;在劳动配班模块中,根据推班模版制订推班计划,并可对劳动配班进行汇总,并且系统提供了固定替班管理的功能;在备班管理模块中对乘务人员备班表进行维护。劳动配班管理子系统功能说明见表 5-2。

劳动配班管理子系统功能说明　　表 5-2

普通功能		
编号	功能名称	功能说明
1	劳动配班	根据行车计划和人员配备来分配劳动班次
2	乘务人员考勤情况管理	记录乘务人员的考勤、请假情况,以备做工资时进行参考
3	乘务人员工资管理	根据各运营指标完成情况和职工考勤情况,进行乘务人员的工资计算
其他功能		
B1	区域劳动配班	根据区域行车计划和人员配备来分配劳动班次

5. 数据统计管理子系统

数据统计管理子系统功能说明见表 5-3。

数据统计管理子系统功能说明　　表 5-3

编号	功能名称	功能说明
1	明细统计	分别按照乘务人员、车辆号进行统计
2	常规统计	分别按照乘务人员、车辆号、线路号进行统计
3	管理分析	分别按照乘务人员、车辆号、线路号进行统计,并进行准点率的统计

第三节 公交运营组织与调度系统平台的重要性

建立公交运营组织与调度系统(公交智能调度管理平台),可以很好地展示北京市城市智能交通建设的成效以及为人民服务的建设理念。它在整合资源、统一调度、提高管理水平、减少人员费用支出、提高载客人数、减少空车率等方面效果显著。有利于北京公交集团及时了解车辆运行状况,随时掌握驾驶员、乘务员的工作状况,快速处理营运问题,做到公平考核、减少纠纷,吸引更多的乘客。可见,公交智能调度管理平台的建立已是北京城市现代化、信息化高速发展的必然趋势。其重要意义体现在以下几方面。

一、塑造城市形象,配合政府打造“快速公交”

公交智能调度管理平台通过对移动中的每一辆公交车实时进行准确定位,准确地掌握运营线路的车辆运行动态,对运营中的公交车辆进行有效的、实时的监控、指挥、调度与管理,同时自动生成各种准确的运行报表,及时发出准确的离、到站信息;公交智能调度管理平台的应用促进了城市公交向数字化、智能化方向发展。城市公交需要不断发展,而发展城市公交,须立足现有条件,北京公交集团引进高新技术,建立大规模公交智能调度管理平台,变被动管理为主动管理,变事后弥补为及时有效监控,塑造北京—大都市形象无疑具有现实意义。

二、加强安全管理,保障人民生命财产安全

站台和公交车是治安及案件的高发区域,通过公交智能调度管理平台的建立,将方便乘务人员即时报警,有力地提高公安机关的快速反应能力。在车辆管理上,传统的管理模式无法对车辆进行实时监控,完全靠驾驶员的个人意识,无法预防。北京公交集团建立的公交智能调度管理平台能有效地实时监控车辆,管理部门可及时对违章或可能违章的车辆予以提醒和警告,更加有效地预防交通事故的发生。

三、利用先进技术、提高公交调度管理水平

公交智能调度管理平台的建立,结合了智能卡和 GPS、专用通信系统、GIS、无线数传网络系统与计算机技术,具有车辆实时调度、实时监控、实时救援、电子站牌显示等功能,真正做到全天候工作、智能化调度、快速统计。公交智能调度管理平台不仅

可以实现利用智能卡实时调度，同时也可以根据实际需求，实现 GPS 调度，并与目前的调度方式接轨。随着一系列先进技术在中国大中城市的普及，基于车辆自动定位技术的公交实时动态运调系统也将在此系统中得到良好的应用和发展，而且通过科学的调度管理，还可降低运输成本，提高企业的经济效益。

第四节　新技术在调度工作中的应用

一、车辆定位技术

1. GPS 的基本概念

GPS 是美国从 20 世纪 70 年代开始研制，历时 20 年，耗资 200 亿美元，于 1994 年全面建成，具有在海、陆、空进行全方位实时三维导航与定位能力的卫星导航与定位系统。

GPS 由空间部分、地面监控部分和用户接收机部分组成。

(1)空间部分。GPS 的空间部分由高度约 20200km 的 21 颗工作卫星和 3 颗在轨备用卫星组成 GPS 卫星星座。

(2)地面监控部分。地面监控部分包括四个监控站，设在范登堡空军基地。

(3)用户接收机部分。其任务是能够捕获到按一定卫星高度截止角所选择的待测卫星的信号，并跟踪这些卫星的运行，对所接收到的 GPS 信号进行变换、放大和处理，以便测量出 GPS 信号从卫星到接收机天线的传播时间，解译出 GPS 卫星所发送的导航电文，实时地计算出测站的三维位置，甚至三维速度和时间。

GPS 卫星发送的导航定位信号是一种可供无数用户共享的信息资源。对于陆地、海洋和空间的广大用户，只要用户拥有 GPS 信号接收机(能够接收、跟踪、变换和测量 GPS 信号的接收设备)，就可以在任何时候用 GPS 信号进行导航定位测量。

当今世界上应用较为普遍的卫星导航系统有三种，它们分别是美国的 GPS、欧洲的“伽利略”导航卫星系统和俄罗斯的 GLONASS。其中，以 GPS 最为成熟，支持厂商最多，GPS 信号接收机由于使用目的不同而形成几百种产品，定位精度 5 ~ 10m。

2. 车辆定位技术的应用

车辆是具有高度机动性的移动目标，而获得车辆当前位置及其他状态信息，并向其发送调度指令是车辆监控的基本要求。因此，车辆监控系统的实现必须借助移动通信技术与车辆定位技术。而高可靠性、高性能的 GPS/GSM 车载设备是解决上述问题的关键。

目前，主要的移动通信手段有公用 GSM(GPRS)通信平台、模拟集群、数字集群和新近比较发达的3G 网络等。国家公众 GSM 通信网具有覆盖广、数据通信质量可靠、系统规模较大等优点。

3. 公交 GPS 应用的基本原理

北京公交集团现在的 GPS 应用系统是通过每辆车上配备的 GPS 终端设备上的 GPS 模块,实时接收卫星发回的定位数据(经纬度数值等),然后通过每台设备上配置的 GPRS 模块将定位数据实时发送给中心服务器(目前是六个分中心),由服务器进行计算处理发送给各监控客户端,结合 GIS 进行显示。

公交车辆 GPS 车载系统的主要功能如下:

(1)确定公交车在行驶路线的位置,在进出站时自动进行语音播报,同时在 LED 屏幕显示。

(2)向控制中心传输公交车辆的位置信息、报警信息和其他信息,接收控制中心调度指令和信息,同时在 LED 屏幕显示。

(3)公交车速度超速语音报警功能。为达到上述功能,公交车辆 GPS 车载系统结构如图 5-2 所示。

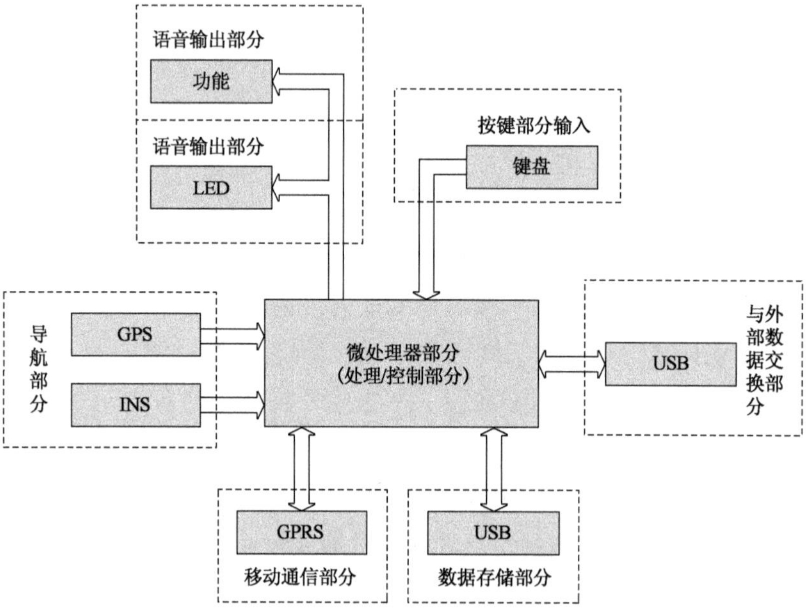

图 5-2　公交车辆 GPS 车载系统结构

公交车辆 GPS 车载系统由 GPS 模块、INS 模块、微处理器、GPRS 模块、存储器模块、语音接口模块、显示接口模块、USB 接口模块和串行通信接口模块等部分组成。图 5-3 所示为某厂家开发的车辆 GPS 车载设备(GPS 主机和设备显示屏)。

公交车辆 GPS 车载系统自动报站基本原理:车辆经过的每一个站台的经纬度预先存在 GPS 车载系统内,微处理器在固定间隔匹配 GPS 模块实测的经纬度与站台固定经纬度来实现自动报站功能。

a)主机　　b)显屏

图 5-3　车载 GPS 终端设备图

二、无线通信技术

在公交运营组织与调度系统中,需要公交车辆实时向调度中心传送车辆定位信息,同时调度中心向车辆实时发送调度指令,这种双向动态通信模式必须采用无线双向通信模式。考虑到成本因素,要充分利用公用无线通信网络。目前,无线通信方式主要有蜂窝数据通信、集群移动通信和卫星通信。

公交运营组织与调度系统的车辆调度功能大多采用蜂窝数据通信网络。蜂窝数据通信网络稳定、覆盖范围广且租用成本适中。集群移动通信网络覆盖面不如蜂窝数据通信网络,且主要业务为语音通信。卫星通信网络覆盖面最广,但租用成本高。下面主要介绍蜂窝网移动通信网络。

1. 蜂窝网移动通信网络

蜂窝移动通信是采用蜂窝无线组网方式,在终端和网络设备之间通过无线通道连接起来,进而实现用户在活动中可相互通信。其主要特征是终端的移动性,并具有越区切换和跨本地网自动漫游功能。蜂窝移动通信业务是指经过由基站子系统和移动交换子系统等设备组成蜂窝移动通信网提供的语音、数据、视频图像等业务。

2. 蜂窝移动通信技术标准

在蜂窝移动通信技术历程中,由于依照的开发标准不同,形成了欧洲电信标准协会出版的 GSM 技术规范和美国高通公司(Qualcomm)开发的 CDMA 标准两大阵营,它们包括:900/1800MHz GSM 和 800MHz CDMA 第二代数字蜂窝移动通信技术;GPRS 和 CDMA200 1 × RTT 第二点五代数字蜂窝移动通信技术;在 3G 时代,形成了 WCDMA(GSM 系列)、CDMA2000(CDMA 系列)和以中国大唐电信公司提出 TD-SCDMA 第三代数字蜂窝移动通信技术。

3. GPRS 通信技术在公交运营组织与调度系统的中的应用

美国、日本和欧洲在公交信息智能化方面要比中国起步早、技术新、发展快。它们在20世纪80年代就开始发展公交系统信息化,在公交车信息采集方面,采用以下方式:公交车和公交站台采用弱电波通信,公交站台之间或公交站台和信息中心之间用电话线通信。90年代中后期,通信采用GSM/SMS的方法,实现了公交车辆的动态监控。近几年由于GPRS技术的出现和GPRS网络在ITS的方面的巨大优势,站台和站台或站台和公交公司控制中心的通信采用GSM/GPRS的方法。

公交GPRS通信系统由车载终端或电子站牌、GPRS网络和公交调度中心三部分组成。车载终端或电子站牌内建GPRS模块,通过SIM卡ID作为识别号登录GPRS网络,GPRS网络动态为每一个车载终端或电子站牌分配一个公用IP;调度中心通过DDN专线连接到GPRS网络,GPRS网络分配一个公用IP给调度中心的通信服务器;车载终端或电子站牌同通信服务器通过获得的IP地址建立永久连接(通常为socket连接);通信服务器将的定位信息转发给,同时将调度监控服务器的调度指令转发给车载终端。

三、公交智能调度系统

公交智能调度系统是利用车辆定位技术、现代通信技术、计算机技术对公交车辆的运行状况进行实时监控,通过公交预测、优化等模型算法对车辆运行方案进行实时调整,从而实现对车辆的远程自动调度功能。

智能调度模块是公交智能调度系统的关键模块之一,智能调度模块使用预测、优化等算法实时调整车辆调度方案。公交智能实时调度模型结构如图5-4所示。

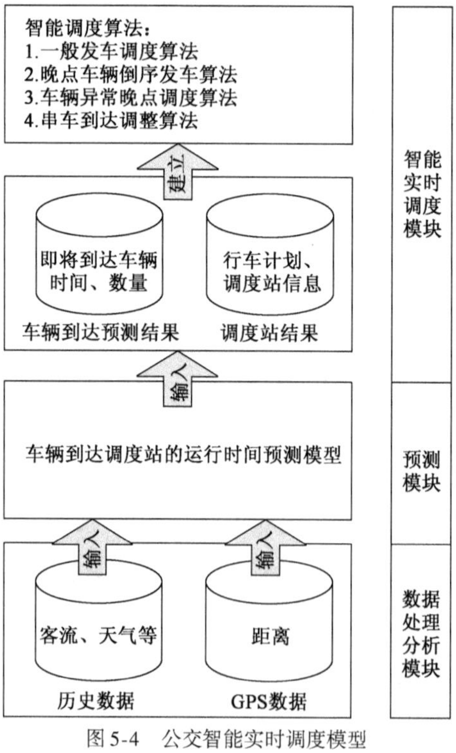

图5-4　公交智能实时调度模型

智能实时调度模型分为数据处理分析模块、预测模型模块和智能实时调度模块三个主要模块。

(1)数据处理分析模块。数据处理分析模块是公交智能实时调度模型的基础模块,数据源于两个部分:一部分是公交历史行车数据,包括车辆发车时刻、运营时客流、天气等数据;另一部分是GPS定位系统采集的实时数据,主要是各个时刻实时采集的车辆运行信息。该模块根据下一个预测模型的需要,选择合适的输入数据,并且对数据进行处理分析。

(2)预测模型模块。通过对现有数据的分析、预测,得到车辆到达调度站的运行时间预测结果。具体的方法有BP神经网络算法、遗传算法和蚁群算法等。

(3)智能实时调度模块。输入预测模型得到的车辆运行时间结果,结合调度站的运营调度数据,通过多种不同类型的智能调度算法,解决不同调度问题,提出解决措施,下达调度指令。

第五节　北京公交集团调度应急指挥中心和枢纽站的主要功能

一、北京公交集团调度应急指挥中心

北京公交集团调度应急指挥中心(下称集团指挥中心)的发展经历了三个阶段,在1999年北京公交集团大厦落成时成立了总调度室;在2008年北京奥运会举办前完成了首次升级改造;在2016年随着信息系统的进一步完善和新版智能调度系统的建设,完成了第二次升级改造,成立了集团指挥中心,集调度指挥、应急管理、远程稽查功能为一体,实现了多信息系统联动和多部门协同办公(图5-5)。

图5-5　北京公交集团调度指挥中心

集团指挥中心是三级调度指挥系统的第一级指挥机构,对内负责北京公交集团整体运营生产监督、日常业务工作调度指挥、与相关专业部室协调联动、对各二级指挥分中心调度指挥等;对外负责与交通行业相关单位的协调联络、重大告警信息的处置和督办,完成市交通委等上级主管部门的工作部署。抓住联合办公的有利契机,集团指挥中心实现了调度应急指挥系统的实时性、综合性、统一性。

(1)实时性

依托新版智能调度系统的应用,实现了车辆动态位置与车载视频的实时监控,集团指挥中心可以实时掌握各线路的运营秩序,及时地为调度指挥工作提供决策依据。

(2)综合性

北京公交集团的调度指挥中心、应急管理中心和稽查中心等部门在集团指挥中心大厅实现了综合办公。其中,调度指挥中心、应急管理中心通过对公交车、首末站、中途站、枢纽站进行实时视频监控,掌握公交场站安全防护和车辆运营状态;通过市交通委分享的道路监控视频,掌握全市各主要道路的通行情况。在发生突发事件时,由于调度指挥中心和应急管理中心联合办公,有利于相互配合做好应急处置工作。稽查中心的远程稽查工作人员通过视频监控方式,24 小时对安全行车、规范服务等进行实时远程稽查。

(3)统一性

随着集团指挥中心大厅的升级改造,9 家客运分公司调度应急指挥大厅同步完成建设,实现了集团指挥中心与分公司调度应急指挥分中心的业务性质与系统功能的统一。

二、公交枢纽站

公交枢纽站作为多条线路汇集的大型换乘车站,处于城市交通走廊的节点,其客流由多种交通方式构成,具有换乘量大、快速集散、客流组成方式复杂等特点。因此,公交枢纽站的运行系统除具备一般公交场站的基本功能外,还配有完善的指挥调度系统、乘客引导系统、信息服务系统、监控系统和后勤保障系统,不但实现了集约化调度智能化指挥、信息化管理提高了调度效率,而且向乘客提供完备的乘客信息服务。目前,北京公交集团已建成并投入使用的公交枢纽站有动物园(图 5-6、图 5-7)、北京西站(南、北广场)、北京南站、东直门、西苑、四惠等八处。

1. 枢纽站的主要功能

公交枢纽站具备调度指挥、站台组织、综合监控、后勤保障、车队管理等主要功能。

(1)调度指挥。调度指挥包括线路发车、采取调度措施、站区协调、应急调度等工作。调度指挥是枢纽站运营调度的核心工作，通过信息化技术手段能够有效地实现调度智能化指挥。

图 5-6　动物园交通枢纽

图 5-7　动物园交通枢纽调度中心

（2）站台组织。站台组织包括站区内乘客疏导、站台秩序维护、候车区管理、售检票（台票台卡）、咨询服务、乘客服务系统管理等内容。站台组织是枢纽站区别于一般首末站的服务功能。

（3）综合监控。枢纽站是站区和相关线路集中监控的平台。为便于运营指挥和综合管理，各类监控信号终端既可以集中显示在指挥监控平台上，也可以按照要求反映到专业管理人员的终端上。随着物联网系统的实施，综合监控可以更全面地掌握运营全过程的动态。

（4）后勤保障。后勤保障是线路首末站必备的功能，可以按照枢纽站规模的不同进行配置，小到厕所、饮水设备、休息室，大到食堂、办公室、IC 卡充值点、抢修组、撬装加油站等。

（5）车队管理。车队管理主要依托枢纽站的用房设施，实施线路保障和综合管理，尤其是车队管辖线路和管理力量都相对集中的首末站。

2. 枢纽站集中调度特点

通过采用车辆识别及站内外视频监控、内部有线/无线对讲等配套设备,线路两端站数据定时互传、GPS定位等手段,可使调度员掌握全线路的车辆到达、停站、发车等动态信息,对场站内车流进行有效的控制,对线路运营中车辆和路况动态进行及时跟踪,并特别针对一调多线模式进行个性化改造,满足枢纽集中运营调度模式需求。

(1)集中调度管理,可一调多线,特别是解决了一人调度枢纽内跨若干站台的多条线路调度的问题,大幅度提高效率,节约调度人员。

(2)枢纽站采用对车辆自动识别技术,后台集中管理,避免了人工刷卡进出站模式中出现的时间误差,保证运营数据的准确性,识别准确率达99.5%以上,基本上不需要补录。

(3)调度员集中指挥,当高峰期遇到大客流或车道内坏车等情况时,线路间可及时协商配合借用场站内车道、站台,遇突发事件各线路间调度员可及时沟通处理。在日常运营调度过程中,如遇调度员去卫生间或到楼下食堂打饭时,也都可互相帮助照看,不影响线路运营。

(4)车辆运营、道路动态和车内视频等信息可实现资源和信息共享,站内各线路间互相沟通,保证调度指挥工作的高效、及时、准确。

(5)采用集中调度模式后,调度员与驾驶员、乘务员交流主要通过内部对讲电话进行信息沟通,但相对于面对面的沟通形式还有一定距离感,对此可以通过安装可视电话或增装签到查询机等技术手段予以解决。

第六章

其他运营业务知识

第一节　城市道路施工中的协调配合及管理

目前,北京随着城市道路的不断提级改造,地铁工程的加速建设,市民的出行方式正发生着变化。交通问题进一步延伸,已渗透社会和生活的各个方面,占用道路作业,进一步加剧了现有的道路资源紧张的局面。因此,对影响交通安全的占路施工工作作为城市管理和公交运营保障管理体系中的一个重要环节,在缓解拥堵、保障安全运营的重要性上显得尤为突出。

一、工程种类

(1)新建和既有道路及过街天桥的大修改造。

(2)新建地铁的出入口及延线区间的占路作业。

(3)供水、排水、燃气、热力、供电、通信、消防等依附于城市道路的各种管线、杆线等设施新建及既有管线的翻新改造。

(4)道路疏堵改造中新建港湾及道路设施的施划。

(5)跑、冒、爆、塌紧急抢修及特定政治性,涉及公共安全、公共卫生等。

二、建设工程的组织流程

(1)需求。各道路建设及管线所属产权单位,依据城市发展纲要根据市政府及群众的需求提出的工程项目。

(2)规划。由市规划部门依据城市道路,管线的建设规划条件提出规划方案,并由有相当资质等级的设计单位承担相应的设计和技术规范。重大规划要有专家评审,环境评估。

(3)立项。由各产权单位向市主管部门依据规划条件审报项目的发展规划和年度建设计划及资金的审批。

(4)审批。项目规划,立项批准后,由建设产权单位按有关程序,取得工程建设许可证,项目规划证,市政道路掘路证,交通管理部门占用,掘动道路核准通知单。

(5)工程前期。由工程建设甲方对工程进行招投标或议标。

三、公交工程配合组织流程

(1)参加市有关单位和交通管理机关组织的工程协调会,了解情况及影响程度,并及时通告相关公司，明确配合主体。

（2）由项目甲方或受甲方委托的建设单位，将规划、交通核准通知单及施工方案，交通导改方案送交北京公交集团运营部。

（3）北京公交集团依据施工交通方案及交通管理部门审批的方案，由甲方或建设单位牵头，由北京公交集团组织所属分公司现场勘察。

（4）当工程需要断路施工时，由各客运分公司提出线路导改及公里补偿方案，并报北京公交集团审批后，依据《北京市实施（中华人民共和国道路交通安全法）办法》第三十条的有关规定，报公安交通管理机关批准后施行。

（5）现场勘察时，应根据公交运营安全情况提出对施工导改中导改路、标志、标线的意见。

四、职责分工

（1）道路施工配合的主体在北京公交集团运营调度指挥中心，本着"一级核准、二级组织、三级实施"的原则，负责道路施工配合的核准、协调、督促、检查、公示。

（2）各客运分公司在北京公交集团运营部的组织下，根据现场勘察情况，提出各自的初步运营方案及评估影响和损失，根据线路的变化情况依据里程、工期、车次、成本等做出预算报告报北京公交集团运营部。

（3）北京公交集团运营部在协调施工方案和相关分公司形成的整体方案的基础上，报有关部门审批。待交通管理机关批准后，北京公交集团在网站上提前 5 ~ 10 天进行公示。相关分公司组织车队执行，并对站务设施进行调整。

（4）在施工过程中，相关分公司要做好预案和应急措施。遇有问题及时上报，加强与施工单位的沟通解决。

（5）工程竣工具备通车条件，经过交通管理机关验收放行，各种交通设施齐全后，应迅速恢复运营。

（6）由于道路变化而导致线路发生变化的，按照线路调整，延长的程序办理。

第二节　包专车管理和社区通勤快车

一、包车

包车是指公交企业为某些单位临时包乘的车辆。

1. 包车的特征

（1）不受线路网的限制，可跨线路行驶。

(2)不受日期、时间长短的限制。

(3)不受地区的限制;但是承揽到外埠的包车,需事先办理出京手续。

2. 包车的收费规定

包车的价格一般根据车型、定员的不同确定收费标准(参考实际成本价格),北京公交集团系统执行财政局制定的标准,有关收费规定如下:

(1)基价公里为15km,不足基价公里,按基价公里收费,超过基价公里,按实际行驶公里收费。

(2)临时包车凡单程载客,行驶公里超过基价公里以外部分,每车公里乘租价的50%加收空驶费,往返载客行驶,不得加收空驶费。

(3)临时包车凡往返载客行驶,允许按停车场到用车地点的单程调空公里数,乘租价的50%加收调空费,单程载客行驶不得加收调空费。

(4)临时包车根据乘客要求停车等候的,每等10min,加收1km租价的等候费,不足10min,按10min计算。

(5)全日包车每日可用公里为80km,每日实际行使公里超过可用公里时,按实际行驶公里计算。

(6)全日包车工作时间为每日8:00—18:00(包括驾驶员用餐休息2h),超过规定时间以外的部分收取超时费。

二、专车

专车也称为班车,是本市单位为解决职工上下班需求向公交企业租用的车辆,一般为长期租用。

1. 专车的特征

(1)有固定的发车、到达地点。一般为单位职工的上班点和居住点。

(2)有固定的走向,可跨线行驶。中途设站可与用车单位协商好,按规定的地点上下人。

(3)有固定的发车时间、到达时间。一般为每天早、晚用车,也有每星期、每月按固定时间用车。

2. 专车的价格

专车的价格要参照包车的收费标准,或根据车型、定员的不同,按月实际运行的公里收费,常年租用者可适当优惠,但是不可低于每公里成本价。

三、包(专)车管理办法

(1)包(专)车运行的时间应尽量错开线路运营的高峰时间。

(2)运力不足,超满载率标准的车队不得承接包(专)车业务。

(3)劳动力配班不足的车队,不得承接包(专)车业务。

(4)包(专)车业务一律由分公司运营科办理,车队无权承接包、专车业务。线路运营车严禁承揽校车业务。

(5)长期专车必须与用车单位签订协议书,严格按照协议执行。

(6)包(专)车业务要根据线路分布,就近安排。严格控制空驶公里,避免浪费。驾驶员要按照指定的时间到达指定的地点,不许私自改变行驶线路。

(7)严禁抽调线路配车走包(专)车,承揽专车业务必须保证车型定员、人数,提高车辆使用效率。

(8)要选派有经验、有责任心,安全意识强的驾驶员承担包(专)车任务,一旦出现意外情况要及时汇报。

四、社区通勤快车

社区通勤快车的服务对象是针对企事业、机关单位固定的乘客以及地铁站限流而无法及时疏散的乘客,是相对固定的公交乘客群体。采取“一站直达、高峰运行、乘车刷卡、统一标识”形式运行的柔性公交服务。

1. 社区通勤快车的形式

按照不同的服务人群和运营特点社区通勤快车分为以下四种形式。

1)目的地相同的直达社区通勤快车(公交联运)

在有条件的线路开行定点、定时直达社区通勤快车。根据固定时间固定上下人地点采用在本线路实现一站直达。针对有固定需求的客流群,通过了解需求开通与本线路相邻的跨线联运。乘客乘车刷卡,票制票价比照同程公交线路。

特点是将现有公交调度组织行使相对常态化,在公交客运走廊上采取大站快车方式分离出长距离出行的乘客,实现通勤出行的“快中快”;采取跨线联运充分利用道路资源甩开换乘集中的拥堵站点,为长距离通勤节省更多的时间,提高地面公交吸引力。

2)轨道交通高峰限流车站分流乘客的社区通勤快车(地铁分流)

根据当前部分地铁车站早高峰常态限流的情况。重点围绕东北方向通州城区、天通苑地区、回龙观地区地铁限流站开行社区通勤快车,原则上按公交线路行驶,乘客乘车刷卡,通过公交一站式直达服务分流乘客,缓解地铁拥挤程度。

其特点是将公交车在轨道交通进站高峰期间,在站外的限流候车区摆站等候,在地铁和公交的联动宣传下,由乘客自发地转移到社区通勤快车上,公交车再沿着与地铁并行的公交线路方向运行分流地铁客流。

3)居住区至商务区的通勤快车(预订专座)

针对居住区至商务区的集中通勤出行需求开行,运行方式类似包专类社区通勤快车,主要面对自驾车人群,保证人人有座位。相应提高收费标准,乘车刷卡,同时预收取一部分费用,通过乘车凭证控制乘车人员范围。根据约定的时间、地点、方向从居住区至商务区往返直达。这种方式需要居住区、所在商务区区县政府主管部门的大力支持,需要与网站、社区等参与其中的服务组织环节。

其特点是一种把个体出行通过组织来形成一个类似"大拼车"的交通服务,把个性化的出行需求转化为公交。

4)企事业机关单位通勤的社区通勤快车(包班车)

作为集体出行的一个方式,班车也是公交的一种特殊形式。北京公交集团充分利用好公交车辆资源,积极承揽企、事业机关单位的集体乘车业务,采取适当优惠的措施(企业筹集一部分费用,员工乘车时刷卡),形成社区通勤快车。同时,对于科技园、工业园等上下班集中的园区,可采取园区管委会牵头等方式,统筹开通这种社区通勤快车。这些班车可在公交专用道上行驶享受公交优先,同时一站直达。

其特点是客户群相对集中有统一的组织单位或部门,通过相对实惠的价位,吸引原有的班车客户回归,也可以广开包班车承揽渠道,是通勤快车中较容易形成规模的,相对容易组织。

2.社区通勤快车的管理

(1)在开辟社区通勤快车时,要考虑车型、燃料、道路通行情况等条件。

(2)北京公交集团运营调度指挥中心形成一套社区通勤快车的票价公里审核、备案体系,统一行车标识样式、统一乘车卡样式,规范管理。

(3)北京公交集团IC卡中心为公交联运和预订专座的社区通勤快车专门制作了费率卡,信息中心在BI分析、电子地图平台上预留了管理数据信息,为社区通勤快车良好发展提供基础。

(4)比照线路管理,对社区通勤快车的新开、变更进行监控。

第三节　无线电使用及管理

一、无线电归口管理

无线电频谱资源属国家所有。国家对无线电频谱实行"统一规划、合理开发、科学管理、有偿使用"的原则。国家鼓励对无线电频谱资源进行开发、利用和科学研究,努力推广先进技术,提高管理水平。对在无线电管理工作和科学研究中做出重大贡献的单位和个人,应当给予奖励。

为了加强无线电管理、维护空中电波秩序,有效地利用无线电频谱资源,保证各种无线电业务的正常进行;北京公交集团所属各单位设置、使用无线电台(站、网)管理实行“统一领导、统一规划、分工管理、分级负责”的原则,贯彻科学管理、促进发展的方针。

二、无线通信呼号使用规程

1. 无线通信呼号规则

呼号中使用的数字,读音依次为0(读音:dòng)、1(读音:yāo)、2(读音:liǎng)、3(读音:sān)、4(读音:sì)、5(读音:wǔ)、6(读音:liù)、7(读音:guaǐ)、8(读音:bā)、9(读音:jiǔ)。

举例:

某次通话,主叫方:公交10;被叫方:公交00。

主叫:公交00,10呼叫,听到请回答;

被叫:我是公交00,10请讲;

主叫方:……;

被叫方:……;

主叫:公交00,10通话完毕;

被叫:明白。

2. 无线通信呼号使用纪律

(1)北京公交集团无线通信呼号规则由北京公交集团信息中心负责编制,相关各单位贯彻执行。

(2)无线通信呼号通常针对各单位、各部门、各岗位编制,不随人员变动而变动。

(3)使用者必须严格按照呼号规则进行通信,不得擅自更改呼号。

(4)如认为有呼号规则不妥、应用不便或修改建议等事宜,及时报信息中心统筹解决,不得擅自更改呼号。

三、无线通信设备安全操作规程

1. 无线通信设备安全操作的重要性

无线通信设备是北京公交集团系统组织大型活动、应付突发事件以及日常生产等的重要通信工具,为保证无线通信设备安全、可靠地运行,北京公交集团及所属单位在使用无线通信设备时,都要严格遵守安全操作规程。

2. 无线通信设备安装

(1)无线通信设备应该由无线电专业或专(兼)职人员进行安装。正式安装前,应仔细检查设备及其附件是否完好、齐全,特别是反馈系统和电源系统必须保证完好并符合设备规定的指标。

(2)固定电台必须使用地线,地线对大地的电阻值不能大于4Ω。具备条件的应使用室外天线,室外天线必须有防雷装置保护。

(3)安装车载电台时其线缆必须布放合理,并远离热源,以免因短路或过热引燃车内油料,酿成灾害。

3. 无线通信设备安全操作

(1)使用无线通信设备前要对设备进行检查,确保反馈系统、电源系统、话筒正确连接。

(2)固定设备开机应先开电源再开电台,关机应先关电台再关电源。

(3)对于单工(半双工)电台,连续发射的时间最长不得超过30s,以免因设备过热而烧毁。

(4)对于手持机应严格按照电池的充、放电要求使用电池,即用净、充足;新购电池前3次充电时间为14h。

(5)使用无线通信设备通话要语言简洁、文明,不说与工作无关的话。通话时要注意避让、不抢话,特别是对领导要主动避让。

(6)使用无线通信设备要轻拿轻放,不得摔打设备,出现人为损坏要按照有关规定赔偿。

(7)保持设备整洁、干净,不得在设备上放置杂物,防止灰尘、液体等进入设备内部损坏设备。

4. 无线通信设备保养维护

(1)使用无线通信设备必须经常进行保养维护,重点是保养反馈系统,使设备随时处于完好、可用状态。

(2)设备损坏应及时请专业人员进行维修,禁止非专业人员随意处理。

(3)对于长时间不用的设备应该置于干燥处妥善保存,每隔3个月至少通电数小时,以保证设备随时可用。

第四节　运营投诉管理

一、运营投诉来源渠道及类型划分

乘客对北京公交集团所属各线路运营情况的意见反映主要通过交通服务热线、市政府非紧急救助服务中心和政风行风热线转发的来电、来信记录三个渠道。其中,按照乘客所反映的内容,运营方面主要分为运营投诉、运营建议和运营表扬。

按照目前北京公交集团对运营投诉和运营建议的类型划分,运营投诉的主要类型有甩站、首末车时间、大间隔、其他投诉等。其中,私自甩站、人为首末车发车不准时和人为造成大间隔情况定性为“零容忍”投诉,应对相关责任人进行从严、从重扣罚,以达到警示目的。

运营建议的主要类型有按规范进站停车、开调延线、调整首末车时间、增移站位、调度措施、缩小间隔、乘车拥挤、站务设施、充值问题、票制票价以及其他。

二、运营投诉处理流程

交通服务热线每日将接到的乘客来电、来信,按照乘客反映的具体内容和线路隶属进行专业、类型及分公司划分。然后转发到北京公交集团运营、安全、服务、技术、基建等专业部室。北京公交集团运营调度指挥中心将接到的运营原始投诉、建议和表扬转发到各客运分公司运营部,各客运分公司运营部按照线路归属转发至各车队进行核实处理。

按照北京公交集团有关规定,凡乘客要求回复的运营投诉和运营建议,车队或分公司须在 7 个工作日内及时联系乘客进行核实处理,并将处理结果上报分公司运营部。分公司运营部应在每月月底(26 日)将运营投诉处理结果上报北京公交集团运营调度指挥中心,待北京公交集团运营调度指挥中心核实确认后,分公司按照运营投诉管理规定对属实定性的运营投诉进行相应的扣罚。

如出现乘客需要即刻答复等特殊情况,北京公交集团交通服务热线会将乘客反映的意见形成催办单直接转发到各客运分公司,各客运分公司接到催办单后,应立即与乘客联系进行核实处理,并将处理结果在 2h 内上报交通服务热线。

三、运营投诉认定办法

由于我们线路运营的外部环境较为复杂,各车站条件各异,且有多种调度措施,有时确因乘客误解出现运营方面的投诉。例如,在日常运营调度工作中,经常出现大站快车、空放车、加油加气车、事故车、故障车回场等调度措施,执行这些调度措施的车辆在途经沿线车站时,会引起候车乘客的误解,以为这些车辆到站不停车,造成甩站的运营投诉。因此,车队在核实处理甩站等方面的运营投诉时,如果确因上述调度措施引起的乘客投诉,应首先与乘客联系沟通,向乘客说明所投诉的班次是大站快车、空放车、事故车或故障车等,及时消除乘客的误会,积极争取乘客的理解。然后从自身查找问题,对于大站快车的标识是否按照规定摆放、事故车及故障车驾驶员是否开启双闪灯,从而尽量减少乘客的误会。同时,在上报分公司处理结果时,应对这些乘客误解类运营投诉提供路单、故障车修理单等方面的证明,等待分公司核查处理。

四、投诉核实方法与沟通技巧

很多同志在核实投诉时经常会出现抵触、厌烦、惧怕的心理,担心与乘客沟通时遭到批评、责备甚至辱骂,把处理投诉工作当成一种负担。因此,在处理运营投诉时,我们应首先树立正确、积极的工作态度,明确投诉处理也是我们的一项日常工作。核实处理投诉的目的不仅是为了履行企业的服务承诺,及时消除乘客的误解和不满情绪,给乘客一个满意的答复,而且是检验我们的管理工作是否到位、运营服务工作是否合格,从而解决我们工作中出现的各种问题,进一步提高工作质量。

在核实处理投诉时,我们应始终保持客观、严谨、公正的处理原则,严格按照运营投诉规定进行核实处理。在与乘客核实沟通时,应避免带有抵触、厌烦等消极情绪,冷静、耐心地聆听乘客的叙述,在乘客叙述过程中应注意无特殊情况不要打断乘客的叙述,让乘客把话说完,再进行询问或解释,并且应注意一次性把需要核实询问的内容问完,避免多次给乘客打电话核实,造成乘客出现厌烦情绪。除极个别特殊情况外,通常乘客所反映的投诉内容都是真实的,尽管有些投诉是由于乘客误解或客观因素造成的,但也确实对乘客乘车产生了一定的影响。在乘客知晓具体原因消除误解前,我们应杜绝出现"不对、不可能、不是我们的问题"等否定性或"先入为主"的主观判断,多以换位思考的方法站在乘客角度来客观分析出现问题的原因。如果是我们工作中出现的问题,应诚恳地向乘客道歉,积极争取乘客的谅解,并严格按照运营投诉管理规定对责任人进行扣罚;如果确因乘客误解或其他客观因素造成的投诉,应向乘客详细说明具体情况,消除乘客的误会,并告知乘客在下次等车时应注意的事项,争取获得乘客的理解。

在与乘客沟通时,首先应充分相信通过我们诚恳的道歉和耐心的解释是可以取得绝大多数乘客的原谅和理解的。在接到投诉后无论问题出在何方,如果积极与乘客取得联系,表明处理投诉的态度,让乘客感觉到自己所反映的问题有人问、有人管,有利于争取乘客的谅解。在与乘客通话过程中,积极寻找乘客与我们的共识,可采取与乘客"拉家常"的沟通方式,如"天儿这么热,您可别再生气了""现在都挺不容易的,您再为这点儿事儿生气多不值啊",通过使用这些共性语言拉近与乘客的距离,便于与乘客沟通和解决问题。

第七章

相关业务知识

第一节 安全管理

一、企业内部行车事故的定义

北京公交集团内部约定俗成的几种行车事故定义表述如下:

(1)行车事故。行车事故泛指本企业内部驾驶员驾驶机动车辆发生的道路交通事故。

(2)运营事故。运营事故是指驾驶员驾驶运营车辆在执行运营任务过程中发生的道路交通事故。

(3)客伤事故。客伤事故是指车辆处于静止状态,由于开(关)车门不当造成夹摔乘客或由于车内设施损坏等原因,造成扎伤、挤伤、剐伤乘客的事故。

(4)非运营事故。非运营事故是指非运营车辆或运营车辆在执行非运营任务过程中发生的道路交通事故。

(5)场站事故。场站事故是指发生在内部停车场及首末站区域内或其他不受道路交通法规约束地域的行车事故。

二、遇有行车事故当班调度员应做好以下工作

(1)接到事故通报信息,要向报告人问明事故发生的时间、地点、车辆车号、驾驶员姓名、事故严重情况。

(2)及时向车队安全管理人员或值班队长汇报事故情况,严重影响线路运行时要向上一级调度部门汇报。

(3)采取调度措施,尽快恢复线路正常运行。

(4)如事发现场就在线路首末站或中途站附近,要协助安全管理人员维护事故现场,积极救助伤者,紧急情况可调用运营车急救,但要及时向上一级调度部门汇报,同时组织乘客换乘后车,疏散围观群众,尽可能帮助寻求证人。

三、特殊天气的安全措施

1. 雨天行车措施

(1)久旱初雨。雨水和路面上所积聚的油污、泥土及渣油相混合,形成危险的“润

滑剂”,使道路溜滑异常。行车时必须谨慎,操作机件的动作应轻缓(包括转向盘、离合器、制动器和加速踏板),严格控制行车速度,做好防滑操作的准备。

(2)蒙蒙细雨。雨丝虽细却下个不停,雨刷刮不净风挡玻璃上的雨水,因而造成驾驶员视线模糊,行人和骑车人因雨具的遮挡,听觉和视觉都受到限制,对交通情况不易掌握。因此,行车时必须采用防滑操作,控制车速,与车辆、行人等保持较宽的前距和横距。

(3)久雨不晴。久雨不晴时,路面积水较多,如果车速快或轮胎胎面花纹磨损过多,轮胎便容易产生“水滑”,使车辆的方向失去控制。因此,驾驶员在此种情况下必须控制车速。

(4)阵雨、暴雨前。乌云笼罩,狂风大作,骑车人、行人往往会因为天气骤变而埋头急奔,寻找避雨场所。遇到这种情况,驾驶员必须谨慎慢行,随时警惕突然情况发生。遇有积水路段,水深超过轮胎半径,不得冒险通过。如大雨倾盆而下,可降低车速并开启小光灯、防雾灯,以示来车和行人。

2. 雾天行车措施

(1)勤鸣笛,开雾灯。

驾驶员要充分利用各种车灯,以提高驾驶员自己与周围其他交通参与者的能见度。要适当利用汽车喇叭与其他交通参与者交换信息,以免相互剐撞。

(2)拉开距离,减速行。

由于雾天视距短,且路面湿滑造成制动距离增加,因此驾驶员要降低车速,使制动距离小于驾驶员的可视距离;要增大跟车距离,以防止追尾的交通事故。车辆在通过交叉路口或弯道前,应放慢车速,采取平稳制动,防止侧滑。

(3)能见度低,及时停。

雾天行驶能见度在30m以内,时速不得超过15km;能见度在5m以内,应当停车。

3. 风天行车措施

大风天飞沙迷漫,视距减小。有些行人或骑车人为躲避风沙会突然横穿马路或埋头骑车、行走;有些骑车人受风沙影响,致使车辆失控,驶入道路中央或摔倒。因此,驾驶员在风天驾驶车辆应与骑车人、行人放宽横向距离,减速慢行,视线不清应及时停车。

4. 雪天行车措施

(1)及时清除风挡玻璃上的积雪,以开阔视野。行驶中还应适时开启近光灯和小光灯,向其他车辆或行人示意。

(2)当道路被大雪覆盖,难于辨认时,要根据地形、路边树木、交通标志或电线杆等来判断行驶的路线和路面。

(3)当积雪较深时,由于阻力很大,难于起步,可先铲除车前1m以内积雪,然后缓缓行进;如积雪深度超过车身最低处或保险杠时,应停驶。

(4)在结冰道路上起步时,应缓抬离合器,油门逐渐加大,防止车轮滑动或侧滑,如起步困难,可在驱动轮下铺垫沙土、炉渣等,以提高附着力。

(5)在结冰道路上,行人和骑车人容易摔倒,车辆行驶时必须放宽前距和横距;在结冰道路会车时,应提前降低车速,选择宽平地点,加大横向间距,缓行交会,避免停车交会;在结冰的道路上行驶,还应加大与前车的距离,严禁超车。

(6)在冰道上转弯时,要提前减速,转弯半径要大,不得使转向盘急转急回。

(7)在结冰道路上车辆进站时,要利用发动机的牵阻作用降速,也可用减挡的方法降速。停站时,车辆不要过于靠边,以免侧滑造成碰撞乘客或站台设施等事故。

(8)车辆通过结冰坡路时,应视坡度大小选择适当的中、低挡行驶,尽量避免中途换挡或停车。下坡时,挂入低速挡,严格控制车速。

调度员应根据各种天气变化的特点,提醒驾驶员注意行车安全。

第二节　车辆技术管理

一、公交车辆管理的基本任务

目前,城市公交的主要工具有公共汽车、无轨电车、有轨电车、出租汽车、地铁、轻轨、轮渡、缆车、索道、机动三轮车等。通常将城市公共电车、汽车、出租汽车等简称为公交车辆。

公交车辆管理的基本任务:

(1)全面组织客运生产过程中的一切技术工作,保持车辆的完好技术状况,延长车辆使用年限,保证安全运营。

(2)积极推广新技术、新工艺,努力开展车辆的更新、改装、改造的技术进步,提高职工的技术水平和劳动生产率。

(3)大力节约运营消耗和保修材料费用,保证达到各项技术经济定额,降低运输成本。

(4)认真做好各项基础工作,加强信息反馈和标准化工作。

(5)开展全面质量管理和其他现代化管理,为运营一线提供安全、质好、价廉、及时、舒适的运力。

车辆技术管理是对运输车辆实行择优选配、正确使用、定期检测、强制维护、视情修理、合理改造、适时更新和报废的全过程综合性管理。简而言之,车辆技术管理工作是汽车运输企业自接收一辆新车至报废为止的全过程综合性管理。

二、车辆全过程管理框图

公交车辆技术管理的全过程主要分为七部分：

(1)选购车辆。

(2)新车投产的前期准备工作。

(3)车辆的建档及档案管理。

(4)车辆的日常使用、维修使用和指标管理。

(5)车辆的异动管理。

(6)车辆盘点。

(7)车辆的报废与更新。

全过程管理工作程序框架图如图 7-1 所示。

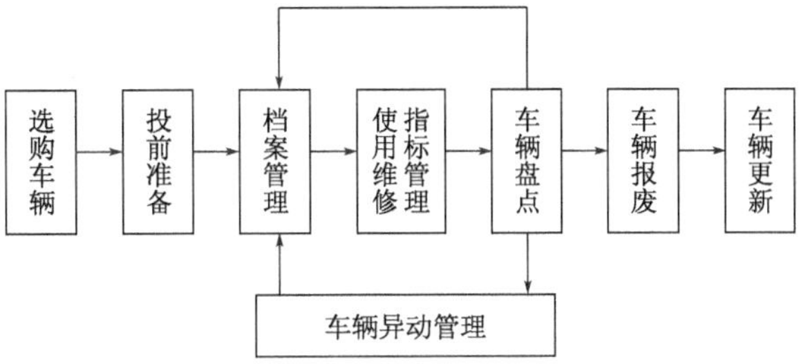

图 7-1　全过程管理工作程序框架图

按车辆全程管理工作程序可归纳如下：

新车管理(选购车辆、投前准备),车辆异动管理,基础管理(档案管理、车辆盘点),使用、维修、指标管理以及车辆报废更新管理。

三、公交车辆全过程管理工作

1. 新车管理

1)选配、购置

(1)车辆选购。

车辆的选购是城市公交企业的一项重要固定资产投资。选购车辆的优劣决定着企业投资的成败,是关系到企业生存和经营的关键问题。车辆选购必须经过全面的技术、经济调研,进行科学的、细致的可行性分析和论证,避免盲目购置。

选购车辆应根据城市发展规划,城市建设需求、城市环保标准、公交线路运营特点、服务档次定位、客流量大小、道路情况、运距长度、燃料、润料和配件供应及海拔、天气等条件,对车辆种类(铰接车、单机车、旅行车等)和车型进行选择,并对车辆性能、车内设施布置及车辆价格、售后服务、维修难易程度、配件供应等进行多方面比较,论证。本着"适用坚固、性能先进、外形美观、便于维修、物美价廉、排放达标"的原则,高、中、低不同服务档次的车型力求统一,进行择优选型购置车辆。

(2)车辆配置。

车辆配置是指公交企业根据所承担的客运任务的性质、客流、道路、运距、天气以及燃料、润料和配件供应等条件,合理配备车辆结构和数量。例如,大、中、小型车辆比例;清洁燃料、汽油、柴油、电车比例;专用车、线路车比例;低、中、高档次车辆比例;等等。合理地配备车辆是既保证运营生产需要的同时又有适当储备运力的前提。

配备适宜的公共线路车辆一般应依据以下几个条件:

①线路客流量。公共汽车运营时间中各时组的客流量通常以早高峰小时为最高,故应以早高峰小时的客流资料为配车依据。

②适宜的行车间隔。公交汽车运行间隔过小影响站台通过能力,间隔过大不利于吸引乘客。早高峰时运行间隔为 3 ~5min,即小时车次以 12 ~20 次为宜。

③与客流相匹配的车型。根据合理的行车频率及各车型定员人数,计算出各车型的小时运输能力,见表 7-1。

公交车辆车型与小时运力关系表 表 7-1

车　　型	小时运力(人次/h)	车　　型	小时运力(人次/h)
10m 单机公共汽车	500 ~1200	14m 铰接式公共汽车	1300 ~2200
12m 单机公共汽车	900 ~1500	17m 铰接式公共汽车	1600 ~2700

线路高峰小时客流量在表中某车型的小时运力范围内,则配置该车型比较合理。

④车型配置还应考虑下列因素:

a. 不同运营性质,要求不同车种、车型的车辆。

b. 车辆行驶的道路条件不同,对车辆的技术要求也不同。

c. 气候、海拔条件对车辆的影响。

d. 燃、润料的供应情况。

e. 车辆使用的经验。

f. 车辆构成情况和维修保养工作。

2)新车投入运营前的准备

新购车辆投入运营前,必须做好各项准备工作。

(1)新车接收、检查。

按照各项管理程序办理接车手续。对新接车辆进行一次全面的车辆检查。

(2)新车验照、转固。

接收新车后及时到市车辆管理部门办理车辆检验,领取车辆牌照、行驶证等有关证件并建账、建档,完成资产转固工作。

(3)新车走合。

汽车在走合期内应选择道路条件较好的路面行驶,遵循减载、限速,选择燃、润料和正确驾驶,不允许牵引其他机械和车辆等规定。国产汽车走合期里程通常规定为1000~2500km,部分进口汽车规定为3000km。

①减载:不允许超过额定载荷的75%。公交车辆不得在高峰时间上路运行。

②限速:车速一般应为35~45km/h,不准拆除限速装置。

③选择燃、润料:按规定选择优质燃料和润滑油。

④正确驾驶:不要猛踏加速踏板,控制水温在80~90℃,恰当换挡,适当调整点火系和供油系。

走合期结束后,按照规定的作业项目结合二级维护对新车进行全面的清洗、检查、紧固、调整、补给和润滑等作业。此时方可拆去限速装置,投入正常运营。

2. 车辆异动管理

运营车辆在长期运营生产中,因各种原因部分车辆的使用单位、产权单位(车主单位)、车辆的技术参数和技术性能、车辆装备、使用功能和使用用途等可能会发生变化。车辆的所有变化统称为车辆异动。

1)车辆调拨

由于运营生产和经营性质的变化而涉及运营单位的运营车辆数目增减,车辆户主名称变动称为车辆调拨。车辆调拨实质是固定资产的转移,不宜经常变动。

2)车辆降级

车辆降级是指一部分运营车辆的技术性能已不能满足一线大流量运营使用条件,或因其他方面的特殊原因,进而导致车辆退出运营一线,降级转作他用的车辆变化。原则上运营车辆不准挪作他用。

3)车辆停驶、封存和复驶

(1)车辆停驶。

车辆停驶是指因待料、严重机械损坏、重大撞车待处理等原因,在较长时间内无法继续运行但又不符合报废条件的车辆,经鉴定批准并在市车辆管理所办理停驶手续。车辆停驶属于技术性的停驶。

(2)车辆封存。

凡技术状态良好,因其他原因(运力过剩、驾驶员不足、修路断线等非技术性原因)需要较长时间停驶的车辆,办理审批手续后作封存处理。车辆封存期间不进行效率指标考核,严禁拆卸封存车辆零部件。

(3)车辆复驶。

停驶车辆复驶和封存车辆启封使用时,均需要按车辆一级维护作业项目进行检修和保养作业,经有关部门检验合格后,车辆方可参加运营。

3. 车辆基础管理

1)车辆档案的建立和管理

车辆技术档案是指车辆从新车购置到报废整个使用过程中,记载车辆基本情况、主要性能、运行使用、检测维修和机件事故等内容的车辆资料的历史档案。它是掌握车辆技术状况进行综合分析研究、采取技术措施的依据,是适时安排保修工作、编排保养计划的基础,也是评价企业技术管理工作的标准之一。

企业各辖车单位必须逐车建立车辆技术档案,统一编号,认真填写,妥善保管。车辆技术档案是发放、审核营运证的依据之一。

车辆技术档案一般由运营单位负责建立,由运营单位的车管技术人员和保修单位的技术人员共同负责填写和管理。

2)车辆档案条目、内容

车辆技术档案一般包括下列主要内容:

(1)车辆基本情况和主要性能。记载车辆的装备、技术性能参数、厂牌型号、规格、牌照号码、发动机号码、车架号码、购车资金、购车日期、总成改装及车辆异动情况等。

(2)运行记录。记载车辆的行驶里程(月行驶里程和累积行驶里程),燃、润料消耗和轮胎使用情况,车辆机械故障次数,坏车日及小修材料费用,等等。

(3)维修记录。记载车辆进厂维修日期、维修类别、间隔里程、出厂检验、出厂日期以及各个主要总成的技术状况、技术参数和编号等。

(4)肇事记录。记载车辆在运行过程中的肇事情况,包括出事地点、时间、原因、损失、伤亡、解决对策和处理情况等,并详细地记录导致处理损坏的有关事项。

(5)报修记录。记载车辆运营过程中所发生的故障内容、时间、报修人及报修人员的鉴定与处理情况。

3)车辆盘点

车辆盘点工作是车辆基础管理程序中的一个重要组成部分和关键环节。进行车辆盘点工作的目的是“三清”,即车辆数目清、账务手续清和技术状况清。每年在规定时间内按照统一表格,统一要求进行逐车清点统计。

车辆盘点要引入车辆新度系数的概念。车辆新度系数是综合评价运输单位车辆新旧程度,保持运输生产能力和发展后劲的一项重要指标,并已纳入经理(厂长)责任考核内容之一。计量单位为元,计算方法如下:

$$\text{车辆新度系数}=\frac{\text{年末单位全部运输车辆固定资产净值}}{\text{末单位全部运输车辆固定资产原值}} \tag{7-1}$$

4. 车辆使用技术、保养和技术经济指标管理

1)车辆使用技术管理

车辆使用技术管理是车辆全过程管理中的一个重要环节。

车辆使用技术管理的基本任务：满足车辆运行条件；合理组织车辆装载和拖挂；注意车辆走合期的使用；在特殊条件下正确使用车辆；加强对汽车使用技术经济定额的管理；采用新型运行材料；合理使用燃、润料和轮胎，并加强科学管理，不断降低运行材料的消耗。

2）车辆保养

车辆保养是维护运营车辆良好技术状况的一项重要技术措施。车辆的保养制度是根据零件磨损规律、运行使用条件而制订的。车辆保养作业的范围、深度及周期要依据车种、车型、运行条件、材料的品质来确定。

车辆保养按保养作业性质可分为定期保养和非定期保养两部分。

（1）定期保养。定期保养是车辆的主要保养，按规定周期进行。不同级别的保养内容，其中心作业项目的深度和广度不同。

一级保养：以润滑、紧固为中心作业。

二级保养：以检查、调整为中心作业。

三级保养：以总成解体清洗、检查调整和消除隐患为中心作业。

四级保养：以更换总成、恢复性能为中心作业。

（2）不定期保养。除按周期间隔里程进行的定期保养外，车辆的保养还包括不定期进行的例行保养、季节性保养和走合保养等。

①例行保养。例行保养是指在出车前、运行中和收车后对车辆进行检查、清洁、紧固等作业。

②走合保养。新车或大修车必须按走合规定走合。走合期结束后按规定进行的检查、调整作业。

③季节性保养。季节性保养是针对冬、夏季的低温和高温对车辆运行使用影响而进行的养护性保养作业。一般以换用适当黏度的润滑油为主。

3）技术经济指标管理

技术经济指标是企业进行经济核算的基础，是衡量企业经营效益的定量标准，也是考核企业管理水平的主要依据。技术经济指标的定义和计算如下：

（1）完好车率（%）。完好车率是指完好车日与运营车日之比。完好车率表示运营车辆技术状况的完好程度。

计算公式：

$$完好车率=\frac{完好车日}{运营车日}\times 100\% \tag{7-2}$$

（2）机械故障率（s/100km）。机械故障率是指运营车辆发生机械故障造成停驶的时间与运营里程之比。机械故障率是衡量保修及技术使用质量的指标。

计算公式：

$$机械故障率=\frac{机械故障时间总和}{运营里程} \tag{7-3}$$

(3)燃料(电力)消耗(L/100km、m^3/100km、kW·h/100km)。燃料(电力)消耗是指运营车辆每行驶100km的平均燃料(电力)消耗量。

计算公式:

$$燃耗=\frac{燃油总耗量}{总行驶里程} \tag{7-4}$$

$$气耗=\frac{燃气总耗量}{总行驶里程} \tag{7-5}$$

$$电耗=\frac{电耗总量}{计电行驶里程} \tag{7-6}$$

(4)润料消耗(L/100km)。润料消耗是指运营车辆每行驶100km的平均润料消耗数量或每升润料平均行驶的里程。

计算公式:

$$\left.\begin{aligned}润料消耗&=\frac{润料消耗数量}{总行驶里程}\\ 或\quad 润料消耗&=\frac{总的行驶里程}{实耗润料数量}\end{aligned}\right\} \tag{7-7}$$

(5)发动机大修平均间隔里程(km)。发动机大修平均间隔里程是指发动机大修平均间隔里程指发动机相邻两次大修间(或新车发动机投入使用至首次大修间)平均行驶里程。

计算公式:

$$发动机大修平均间隔里程=\frac{\sum 发动机相邻两次大修间总行驶里程}{发动机大修台数} \tag{7-8}$$

(6)轮胎平均报废里程(km)。轮胎平均报废里程是指轮胎平均报废里程是指自新胎开始至报废为止平均行驶里程。

计算公式:

$$轮胎平均报废里程=\frac{\sum 报废轮胎总行驶里程}{报废轮胎条数} \tag{7-9}$$

(7)小修频率(次/1000km)。小修频率是指运营车辆每行驶1000km平均发生的小修次数。小修频率是衡量车辆保修质量以及保修周期是否合理的指标之一。

计算公式:

$$小修频率=\frac{车辆小修次数}{总行驶里程} \tag{7-10}$$

(8)平均保修材料费(元/1000km)。平均保修材料费是指运营车辆每行驶1000km平均耗用的保养、小修材料费用。

计算公式：

$$平均保修材料费 = \frac{总消耗保修材料费}{总行驶里程} \tag{7-11}$$

为加强企业车辆技术管理，根据城市公交运营生产需求，北京公交集团特补充制定部分技术经济指标，如重大坏车率（‰）、保养质量合格率（%）、保修服务质量投诉（件）、尾气合格率（%）、保养兑现率（%）、车容车质合格率（%）、间接保修费（元/100km）、保养出车及时率（%）等。

5. 车辆报废更新管理

1）车辆报废

车辆报废是指经过长期运营使用，车型老旧，性能低劣，物料超耗严重，维修费用过高，继续使用不经济、不安全的车辆应予以报废。

凡符合报废条件的车辆经鉴定批准后，送交市车辆管理部门指定的车辆解体厂报废。报废车辆不得转让或挪作他用。严禁使用报废车辆的总成和零部件拼装车辆。

对于申请报废而尚未批准的车辆，要妥善保管，严禁私自拆卸或挪用其他任何零部件和总成。

2）车辆更新

车辆更新是指以新车或高效率、低消耗、性能先进的车辆更换在用车辆。车辆更新应以提高运输经济效益和社会效益为原则。车辆的适时更新和适度更新实际上是对城市公交企业车辆配置的调整。

目前企业更新车辆主要有以下三种形式：

（1）以扩大车辆拥有量为主。

（2）以车辆改造和更换为主。

（3）车辆的改造、更换同增加车辆拥有量并举。

车辆更新必须根据可能条件，实事求是，有步骤、有重点地进行；在提高经济效益的前提下，促进企业技术进步和生产的发展。

第三节　劳动管理

一、劳动纪律的概念及主要内容

劳动纪律是指人们在共同劳动过程中必须遵守的规则和秩序，它要求每个劳动者按照规定的时间、程序和方法，完成自己应承担的生产和工作任务。劳动纪律的主

要内容如下:

(1)组织方面的纪律。组织方面的纪律是指员工应该服从指挥,根据下达的计划和调度的指令,按时、按质、按量完成应承担的生产和工作任务。

(2)生产技术方面的纪律。生产技术方面的纪律是指员工在生产和工作中,遵守企业的生产技术规章制度,如岗位责任制、技术操作规程、安全生产规程等,不得违章指挥、违章作业。

(3)工作时间方面的纪律。工作时间方面的纪律是指员工应当遵守工作时间制度和考勤制度。

二、员工请假考勤制度

1. 员工请病假有关规定

(1)员工请病假(除急诊外)必须按规定提前办理请假手续。早班应在前一天晚6:00之前,晚班应在接班前2h之前请假。过发车点请假,2h内按迟到处理,超过2h按旷工处理。

(2)请假看病后,医疗保险定点医院的病假证明要在次日之内及时交给所在单位劳务人员,逾期无效。病假到期仍不能上班,应在病假期满之前及时办理续病假手续,逾期未办理的,按旷工处理。

(3)员工患病就诊,须到医疗保险定点医院治疗,非定点医院的病假条一律无效,急诊证明只限一次不能连续急诊治病,急诊假条有效期最多不超过2天,逾期无效。

(4)员工在工作时间患病,应及时向劳务人员或主管负责人请假,经批准后方可就医,就医后有病假证明按病假计算,无病假证明按事假处理。

(5)预备人员派车后,出示病假证明或请假看病者一律不予批准,派车不走按摆班处理。

2. 员工请事假有关规定

(1)请事假的员工必须提前写出书面申请,申明请假事由、时间,由基层单位(车队、车间)的主管负责人核实情况,行政领导签批意见。

(2)由请假人持基层单位(车队、车间)行政领导签批意见的请假申请,到分公司人力资源部办理请假手续。

(3)审批事假的权限:3天以内(含3天)的事假由基层单位(车队、车间)的行政领导签批;4~7天(含7天)的事假由分公司人力资源部科长签批;7天(不含7天)以上的事假由人事经理签批。任何人不能越权审批。

(4)凡请假必须严格履行请假手续,未办理请假手续擅自休假的,按旷工处理。

(5)连续事假1个月上班后,须经复工培训后方可重新上岗。

3. 员工请带薪年休假有关规定

(1)享受带薪年休假的人员范围包括北京公交集团所属企业的在岗生产工人和管理人员。累计工作已满1年不满10年的，年休假5天；已满10年不满20年的，年休假10天；已满20年的，年休假15天。国家法定休假日、休息日不计入年休假的假期。

(2)安排带薪年休假的原则：

①根据生产工作的具体情况。

②考虑员工本人意愿。

③企业均衡安排，每年适当轮换，保证公平公正。

(3)安排带薪年休假的基本要求

①年休假在1个年度内集中安排，特殊情况可以分段安排，但不跨年度安排。

②凡生产具有淡、旺季特点的，一般安排员工在生产淡季休年休假。

③在重大法定节日和重大政治活动期间，原则上不安排员工休年休假。

④有毒有害作业岗位人员健康疗养不冲抵员工个人的带薪年休假。

⑤劳模休养冲抵员工个人的带薪年休假。

⑥本着自愿原则，员工年内未休假天数可折抵病事假天数。

(4)有下列情形之一的，不享受次年年休假：

①员工享受寒、暑假且休假天数多于年休假天数。

②员工累计工作不满10年且病假累计2个月以上。

③员工累计工作满10年不满20年且病假累计3个月以上。

④员工累计工作满20年以上且病假累计4个月以上。

⑤员工下岗一个月或累计待岗30天以上。

⑥不在岗人员(主要包括离岗休养、进入劳动力市场、长期病假和工伤休假人员)。

(5)员工休假期间享受与正常工作期间相同的工资收入(标准岗位工资、标准绩效工资、全额高技能岗位聘用工资、全额劳模津贴)。确因工作需要不能安排员工休年休假的，要征得员工本人同意，并按照该员工应休未休年休假天数的日岗位工资的300%支付报酬。

但有下列情形之一则不支付300%报酬：

①企业安排员工休年休假而员工放弃的。

②按不定时工时制支付工资。

(6)年休假申请审批程序：

车队(车间)生产工人和基层管理人员申请审批程序：

①每年一月底前，由车队(车间)公布生产工人和基层管理人员休假计划，征求意见。

②达成一致意见后由生产工人和基层管理人员填写“员工带薪年休假申请表”,写明休假时间。

③休假前10日,休假人员填写“员工带薪年休假审批表”,写明休假地点、联系方式、假后上班时间,由车队(车间)正职审批,车队(车间)劳动管理人员按计划执行。

4. 员工其他请假的有关规定

(1)员工探亲应提交书面申请书、被探望人的户籍证明和在当地居住证明等材料,经基层单位(车队、车间)行政领导签批后到分公司人力资源部办理探亲手续,探亲假到期必须按时归队,除遇不可抗拒的情况外,逾期不归的均按旷工处理。

(2)婚假、丧假、孕产假、计划生育假、献血假、工伤假、疗养假等均按有关规定执行。

第四节　道路的基本情况

一、道路等级的概念

1. 道路的概念

汽车运输的交通线路,即道路,是指公路、城市街道和胡同(里巷)以及公共广场、公共停车场等供车辆和行人通行的地方。

公路是道路的组成部分,是汽车行驶的主要交通线路,也是汽车运输的基础设施和不可缺少的组成部分。公路是一种线形构造物,由路基、路面、桥梁、涵洞、隧道、防护工程、排水设备、山区特殊构造物等基本部分组成。为了指导汽车有序、安全地行驶,在公路上还设有交通标志、标线以及绿化栽植等。

我国公路常用路面主要有碎石路面、砾石级配路面、加固土路面、沥青表面处理路面、沥青灌入式路面、沥青碎石式路面、沥青混凝土路面、水泥混凝土路面。不同的面层类型适用于不同色温等级路面见表7-2。

道路等级及相应的面层类型　　表7-2

路面等级	面层类型
高级路面	水泥混凝土、沥青混凝土
次高级路面	沥青灌入式、沥青碎石、沥青表面处治
中级路面	碎石或砾石(泥结或级配)、半整齐石块、其他粒料
低级路面	粒料加固土、其他当地材料加固或改善土

公路的线形和质量,对交通安全、汽车行驶度、通过性、燃料消耗、轮胎和机件的磨损、车辆使用年限以及运输费用等,都有很大的影响。因此,在组织汽车运输时,必

须充分考虑道路条件,以保证运输生产的顺利进行。

2. 公路的分类

1)公路按使用性质分类

(1)干线公路。凡通过国外、联结省内外,通过数县,通向重要城镇、厂矿、港口、车站及有国防意义的主要路线,均称为干线公路。

(2)支线公路。联结县城与乡镇、乡镇与乡镇的公路,称为支线公路。

(3)专用公路。专供或主要供工矿、农场、林场等企业使用的公路,称为专用公路。

(4)城市道路。大中城市或城镇内修建的道路,称为城市道路。

2)公路按其管辖范围分类

(1)国家级公路(也称为国道)。国家级公路是由国家财政出资修建和负责养护的公路。

(2)地方公路。地方公路又分为省级公路(省道)和县乡公路。地方公路是由省、地、县、乡各级地方财政出资或集资修建和负责保护的公路。

二、一级公路、二级公路、三级公路的概念

1. 一级公路

一般能适应按各种汽车(包括摩托车)折合成小客车的年平均昼夜交通量为10000～25000辆,为连接重要政治、经济中心,通往重点工矿区、港口、机场、专供汽车分道行驶并部分控制出入的公路。

2. 二级公路

一般能适应按各种汽车(包括摩托车)折合成中型载货汽车的年平均昼夜交通量为2000～5000辆(汽车专用二级公路为2000～7000辆),为连接政治、经济中心或大工矿区、港口、机场等地的专供汽车行驶的公路。

3. 三级公路

一般能适应按各种车辆折合成中型载货汽车的年平均昼夜交通量为2000辆以下,为沟通县以上城市的公路。

4. 四级公路

一般能适应按各种车辆折合成中型载货汽车的年平均昼夜交通量为200辆以下,为沟通县、乡(镇)、村等的公路。

5. 等外公路

技术标准低于四级公路的,称为不列等级公路,俗称等外公路。

三、公交专用道简介

从1997年6月25日在长安街开辟了首条公交专用道以来,在市交通主管部门和市公安局的大力支持下,为了方便人民群众的出行,公交专用道的设置已初具规模,从2001年开始,每年增设公交专用道10km以上。截至2010年,全市公交专用道总长已达284.4km。例如,长安街五棵松—四惠双方向道路,设置于1997年6月25日,线路长度13.9km,时间6:00—20:00。其中,南长街—府南口7:00—9:00、17:00—19:00。又如,平安大街及延长线道路花园桥至朝阳公园桥双方向,设置于2007年6月,线路长度15.6km,时间7:00—9:00、16:00—19:00等市区三环以内的公交线路在局部路段基本上都享受到了公交专用道的优先待遇。

从现行公交专用道设置状况看,多以连接线为主,总量方面尽管每年在提升,但是存在相互间断、没有连续性的问题,造成公交车辆运行速度慢,难以通过多条快速通道构成快速公交网络。

通过完善主要环路、快速公交、主要进出城放射线、中心城区骨干道路的公交专用道,可基本构建全市地面公交专用路网,覆盖市民出行的主要通道,具备了全面建立快速通勤公交系统的关键条件,全面提升公交的快捷性、方便性、舒适性、安全性,改善全市出行结构,推动建设公交城市。

四、高速公路的概念

1.高速公路的定义

1962年11月,联合国欧洲经济委员会运输部在日内瓦召开会议,对高速公路作了如下定义:所谓高速公路,是利用分离的车行道往返行驶交通的道路,它的两个车行道用中央隔离带分开;与其他任何铁路、公路不允许有平面交叉;禁止从路侧的任何一方直接进入公路;禁止汽车以外的任何交通工具出入。

在交通运输部(原交通部)2004年1月29日发布的《公路工作技术标准》(JTG B01—2014)中,将高速公路定义为专供汽车分向、分车道行驶并应全部控制出入的多车道公路。高速公路可分为四、六、八车道高速公路。

(1)四车道高速公路能适应将各种汽车折合成小客车的年平均日交通量25000~55000辆。

(2)六车道高速公路能适应将各种汽车折合成小客车的年平均日交通量45000~80000辆。

(3)八车道高速公路能适应将各种汽车折合成小客车的年平均日交通量60000~100000辆。

车辆在高速公路上行驶速度一般为 80～120km/h；对在特别困难地区修建的高速公路，行车速度允许为 60km/h。这在一般等级普通公路上，一般情况下无法达到上述行驶速度。

2. 高速公路的特征

(1)全部立体交叉，全部控制出入。

(2)汽车专用，限速通行。

(3)设中央分隔带，分段行驶。

(4)技术标准高。

(5)配备完善的交通设施与服务设施。

3. 高速公路行车的特性

(1)交通流量大。原有一般公路已不适应汽车运输量的发展需要，才兴建高速公路，它能承担高于一般公路几倍的交通量。

(2)行车时速高。高速公路设计行车时速，比一般公路要高 2～4 倍。例如，成渝高速公路设计时速 80～120km，而成渝公路设计时速 30～40km。

(3)交通事故减少。主要是道路技术标准高，质量高，排除纵横向行车干扰，交通安全设施比较完备，行车安全系数大大提高。

(4)经济效益高。由于高速公路缩短运输时间、减少燃料消耗、机械磨损、延长车辆使用年限、降低运输成本，所以经济效益大大提高。

五、北京公交集团线路通行高速公路简介

截至 2010 年年底，北京公交集团通行于各高速公路的公交线路已达 67 条。其中，已有 62 条线路公交车陆续安装使用速通卡设备，如 616 路行驶京港澳高速公路(京石高速公路)杜家坎—良乡机场段，937 路行驶京开高速公路西红门—高米店段等，每日通行于各高速公路收费站 ETC 车道。

1. 高速线路在高速公路的通行规定

(1)按照首发集团要求从 2011 年 1 月 1 日首车起，通行各高速路收费站时必须走 ETC 车道，禁止通行其他车道。暂未安装 ETC 车道的收费站按照现行方式通过，待该收费站安装 ETC 车道后通行 ETC 车道。不走 ETC 车道的公交车辆不能免费通行高速路。

(2)各高速线路应严格按照审批的高速公路通行区间通行，在固定的收费站进出高速公路。未经北京公交集团运营调度指挥中心批准，严禁跨高速公路、跨通行区间运营。

如使用高速公路车型包班车，在跨高速公路、跨通行区间时，应按照收费标准正

常缴纳高速公路通行费。

如车辆在高速公路内出现故障、事故等特殊情况无法继续运营，应选择就近的收费站驶出高速公路，并向收费站说明情况。

(3)所有车辆通过ETC车道时，应严格遵守安全驾驶规定，保持与前车的安全距离，低速通过收费站，并注意ECT车道感应栏杆为一车一过，每辆车通过时感应栏杆抬起、落下完成一次通行，严禁出现感应栏杆未完成一次通行时跟车过近、追车抢行，造成车辆通过中途感应栏杆落下砸车。各客运分公司及线路车队应加强对驾驶员的安全教育工作，正确通行ETC车道，杜绝因速度过快、跟车过近等驾驶不当造成的安全问题。

2. 更换高速公路车辆规定

(1)各高速线路如需更换车辆或免费通行区段，各客运分公司运营部应按照北京公交集团运营调度指挥中心要求，定期上报高速线路车辆及通行区段变更统计表，注明车辆车牌号、自编号、车型、通行高速名称、通行区段等详细信息。

(2)由北京公交集团运营调度指挥中心统一上报市交通委，获批后由市首发集团、市速通公司办理相应变更手续。由速通公司具体负责速通卡设备的安装、维护、变更工作，各客运分公司运营部应积极配合速通公司，并监督指导相关车队做好速通卡设备的日常管理。

(3)如遇特殊情况急需更换高速车辆，由北京公交集团运营调度指挥中心与首发集团、速通公司共同协商解决。

3. 有关问题的处理规定

(1)各客运分公司及高速线路车队应各确定一名负责人，负责联系各高速公路管理单位及速通公司，处理高速路通行的各项工作。

(2)高速公路公交车在使用速通卡通行ETC车道时，如出现设备故障等原因无法正常通过时，当班驾驶员应遵照收费站工作人员安排将车辆挪移至安全区域后，报告车队负责人，禁止与收费站工作人员发生冲突。由车队负责人或分公司负责人与高速管理单位联系，协调解决妥善处理。

(3)如出现速通卡设备丢失、人为损坏等情况，车队负责人应立即上报分公司，由分公司进行处理。分公司负责人联系速通公司联系人购置新的设备及时进行更换。

(4)由于速通公司在各高速公路主收费站营业厅的停车场面积有限，需要前往营业厅检测、更换速通卡设备的公交车一次不宜超过3辆。如车数较多，各客运分公司应与速通公司客服中心协商，采取分批前往或速通公司上门服务的方式解决。

(5)通行ETC车道时，如遇感应栏杆砸车或其他特殊原因造成车辆损坏、车内乘客受伤等情况，车队应按照有关处理办法，先行做好受伤乘客的安抚处置工作，禁止出现将受伤乘客推给高速公路管理单位及速通公司。同时,立即上报分公司,由分公司、北京公交集团与首发集团、速通公司共同分析问题原因,协商处理赔偿办法。

(6)如遇特殊问题,由北京公交集团统一与首发集团、速通公司协商解决。

第八章

职业培训与职业教学

第一节　职业培训基础知识

对于高级(及高级以上)汽车调度员来说,除了掌握与自己工作相关的各种基本知识和技能之外,还应具有为北京公交培养优秀的新一代汽车运输调度员的能力。为公交培养汽车运输调度员属于职业培训指导,是现代职业教育体系的重要组成部分。

一、职业培训的含义

广义上,职业培训是指为适应社会职业的需要,按一定的标准,对要求就业和在职的劳动者所进行的、旨在培养和提高其素质和职业能力的教育与训练活动。狭义上,职业培训指按照职业岗位对劳动者提出的要求所进行的培养和训练,旨在把一般人培养训练成为具有一定道德品质和技术业务素质的合格的劳动者,以适应职业岗位的需要。广义上的职业培训与职业教育并没有严格的界限,应属于同一概念,培训的内容是比较宽泛的职业领域或职业群所要求的知识和技能,要达到这一目标需要较长的时间,一般需要职业学校来完成。狭义上的职业培训是针对某一具体岗位或工种,对劳动者所进行的相对应的培养与训练,具有极强的针对性,是职业教育的一种重要形式和组成部分。

随着科学技术的发展、产业结构的变化、经济水平的提高和社会的进步,职业培训的内涵和形式也随之变化和发展。学徒制是职业培训早期的一种形式。学徒制源于家庭手工业,它是与小生产相适应的一种形式。18 世纪工厂的出现是生产技术的一场根本变革,使得社会的职业结构发生了显著的变化,社会大生产方式对人才的数量和质量都有了新要求,学徒制的职业培训形式已不能完全适应社会的变化,职业培训以班级授课的学校形式发展起来。目前,我们正走向一个信息和通信技术高速发展的社会。信息和通信技术引起职业结构的快速变化,使当今世界进入一个不确定性占主导的社会。职业培训的目标、内容和形式必须变化,以适应快速变化的职业社会。但传统的学徒制仍是现今职业培训的一种重要辅助形式,特别是在某些传统工艺或需求量较少的特殊技艺人才方面,还是要靠学徒制来培养。

二、职业培训的特点

与职业学校教育相比,职业培训具有以下特点:

(1)培训目标的岗位针对性。

职业培训主要针对确定的职业岗位来培养人才,以满足某一岗位活动中对人才素质的需求。职业学校教育培养目标主要针对某一职业或职业群,对于职业学校教育来说,职业培训与生产活动联系更加紧密,针对性更强。

(2)培训内容的单一专题性。

职业学校教育内容更全面、完整、系统,从理论到实践,职业培训内容具有单一性和专题性,根据受训者已有基础知识,缺什么补什么,用什么学什么。例如,为了让公交驾驶员和乘务员掌握自救、互救的基本知识,从而最大限度地减少人员伤亡和国家财产损失,其培训内容就是一些基本的应急救护知识。

(3)培训对象的广泛全面性。

职业培训要面向全民,不分年龄、教育基础和有无就业经历,接受培训是每个人的基本权利。准备就业、在职提高和转换职业是个人职业生涯中必然面临的问题,职业培训已经成为永久性的、贯穿于人一生的事情。目前,我国是世界上人口数量最多的国家,但总体上素质仍有欠缺,必须大力加强职业培训,以提高全民族的文化素质和职业技能,变数量优势为资源优势。通过实施全民教育与培训,人们可以获得消除贫穷、提高生活质量所必需的、最基本的知识和技能,这将有助于提高人们同贫困作斗争的能力,有助于获得自我谋职的能力和革新的能力,以减少失业。

(4)培训形式的灵活多样性。

职业学校教育有相对固定的办学要求,而职业培训时间可长可短,可以在白天,也可以在晚上。培训的场所可以在课堂,也可以在车队。培训的内容完全可以由受训者依据自己的情况自由选择,可以选择不同的课程,也可以选择一门课程的不同内容。在学习时间上,受训者可以依据自己的情况自由安排,既可以在同一培训期内完成所需要的内容,也可以将同一课程的内容在不同培训期内完成。鼓励受训者以适合自己的时间、地点、方法、进度来安排培训计划,以及采用即时授课、网上授课、计算机辅助等方法。总之,让受训者掌握参加培训的主动权,培训部门要采取灵活多样的形式满足受训者的需求,以达到最佳的培训效果。

培训主体可以是学校、就业训练中心以及企业培训中心。培训的管理体制可以是政府的,也可以是民办的。培训主体要调动受训者各方面的积极性,做好职业培训,为社会培养更多更好的合格劳动者。

三、职业培训的类型

职业培训依不同的划分标准,可分为不同的类型:

(1)依据员工参加工作的过程阶段,职业培训可分为岗前培训和上岗培训。

岗前培训是针对新员工进行的教育培训。通过岗前培训,新员工对组织的过去、现在、未来发展方向有所了解,了解组织的工作环境、工资待遇、规章制度、组织文化等情况。其目的是通过该过程,使新员工学习被组织认可和期望的工作态度、各种准则及相应的行为方式,使自己的价值理念与组织文化协调一致。

上岗培训是指新员工在上岗前进行的一种培训。通过上岗培训,新员工对岗位工作的职责、规范、要求、条件、行为进行充分的了解与熟悉,同时使新员工学习岗位所必要的知识和技能。其目的是通过该过程,使新员工能够胜任工作。

(2)依据员工培训是否脱离岗位,职业培训可分为在职培训和离职培训。

在职培训是指在工作岗位上对员工进行的培训。较常见的形式主要有岗位轮换、见习、会议、指导、助理、特别任务和师徒制等方式。其目的是通过该过程,使员工获得一定的知识、技能及处理实际问题的能力。此外,还有一种形式是利用业余时间到学校或其他单位去学习,如我国的成人自学考试、在职攻读学位及其他短期教育培训班等。

离职培训是指让员工离开工作岗位到培训机构或学校等教育单位专职学习一段时间,一般需半年、一年或更长时间。离职培训常见的方式有学历教育、高级管理培训和短期研讨会等。

(3)依据培训目的不同,职业培训可分为自我意识的培训、职业知识技能的培训、一般技能培训和态度动机培训。

自我意识培训是指通过培训,增进员工对自己在组织中的角色,以及自己与他人交往中角色的了解,以提高员工对自我的认识。

职业知识技能培训是指通过培训,使员工掌握或增长与工作相关的知识技能,一般包括理论知识与工作技能。

一般技能培训是指通过培训,提高员工在其本职工作领域之外的工作效率和能力,改善员工的学习能力、沟通能力、与他人合作的适应能力以及生产能力等。

态度动机培训是指通过培训,改变员工对工作、组织的认识,提高员工的工作积极性,使员工能以更好的状态投入到工作中去。

(4)依据培训对象不同,职业培训可分为一般员工培训、专业技术人员培训和管理人员培训。

一般员工培训主要是对生产或服务第一线的员工所进行的培训。培训内容主要是与他们的工作及职业发展所需要的相关操作知识和技能等。

专业技术人员培训主要是对专业技术人员所进行的培训。培训内容主要是与他们的工作及职业发展所需要的专业领域的知识和技能等。

管理人员培训主要是对管理人员所进行的培训。培训内容主要是与他们的工作和职业发展所需要的管理知识和技能等。

(5)依据培训的主体不同,职业培训可分为组织内培训和组织外培训。

组织内培训是指培训主体为员工所在组织内的培训机构所进行的培训，可以是在职的，也可以是脱产的。培训方式既可以由他人传授，也可以由自我教育、探索完成。

组织外培训是指培训主体为员工所在组织外的培训机构所进行的培训，可以是在职的，也可以是脱产的。培训费用可以由组织负担，也可以由个人负担，或者由组织与个人共同负担。

四、职业培训的意义

职业培训在世界经济发展中具有极为重要的地位和作用，被不少国家称为经济腾飞的"秘密武器"。职业培训的意义包括：

(1)职业培训有利于促进社会和经济的发展。

职业培训是随着社会的发展、经济和科学技术的发展水平在不断变化的，同时职业培训又对生产力的提高和社会与经济的发展起着重要的促进作用。

(2)职业培训是人力资源开发的重要途径。

当今，企业、商业和财富的增长需要世界一流的员工。对于任何一个旨在国际竞争市场获胜的企业来说，重视员工培训是必要的条件之一。企业要在激烈的竞争中求生存、求发展，关键在于要有一支素质较高的员工队伍。

(3)职业培训是促进就业的桥梁。

职业培训的目的主要是为了培养和提高人们从事各种职业所需要的技术业务知识和实际操作技能。《中华人民共和国劳动法》第六十六条明确指出，发展职业培训事业，开发劳动者的职业技能，提高劳动者素质，旨在"增强劳动者的就业能力和工作能力"。

(4)职业培训是终身教育的主要形式。

产品、生产技术和技能的飞速发展，使得职业培训贯穿于一个人整个工作生涯，即终身受教育。

(5)公交企业开展培训的意义。

随着公交的快速发展，特别是面临着首都建设世界城市的功能定位和公交建设"人文公交、科技公交、绿色公交和人民群众满意公交"的目标确立，企业对于人才的需求进入一了个空前的时期，人才已经成为公交企业实现战略发展的首要因素。面对这样的需求，应当说公交现在的人才队伍建设还不能满足发展的需要，因为公交是为市民出行提供服务的基础性行业，是城市的命脉，公交企业整体服务水平的高低，影响和决定了整个城市的管理水平，同时，公交也是劳动密集型的公益性行业，公交为社会提供的服务要靠每一个服务单元去完成，而这每一个的服务单元或者叫每一部车、每一个班组的服务能力和服务水平，都会影响公交企业的整体服务水平。所以,提升每一个服务单元、每一个服务岗位人员的服务意识和技能水平,就成为了企业的长期任务,而做到这些,离不开职业培训。

第二节　职业培训方法

一、职业培训需求分析与目标确立

1. 职业培训需求分析

所谓职业培训需求分析是指通过对企业及其员工的目标、技能、知识等方面进行系统的鉴别与分析,寻找员工现有状况与目标要求之间的差距,以确定是否需要培训及培训内容的一系列活动过程。

2. 确立培训目标

一旦明确培训需求,就要确立培训目标,为培训提供明确的方向和框架。目标要详细地说明完成培训后受训者应该掌握何种知识、应该掌握什么新技能、应该能够做什么。培训目标应是具体的、可测量的、可操作的,培训目标越具体,就越可能设计出正确的培训方案并实现它。培训目标为培训主体和受训者提供了共同努力的方向,也为评价培训计划是否成功提供了基准。培训目标的内容主要包括基本目标和具体目标两个方面。

1)基本目标

用一句话简练地说明培训后应达到的水平。例如,在对汽车运输调度员进行礼仪培训中,培训的基本目标是帮助汽车运输调度员提高整体素质,从而提高他们的乘客服务水平。

2)具体目标

具体目标是指培训后受训者的学习结果。它主要包括知识与技能应该达到的结果。对学习结果的描述要尽可能具体和详细。例如,在对汽车运输调度员进行礼仪培训后,汽车运输调度员的着装、面部修饰、文明用语等方面有了较大提高,顾客反映良好。

二、培训计划的制订

有了明确的目标以后,还需要制订实现目标的培训计划。根据员工培训目标,确定员工培训的对象、具体内容、师资、方式、课程安排经费预算及员工培训的具体管理措施、考核评价方式等内容。

1. 培训对象的确定

培训对象是根据前面的培训需求分析而确定的，需对员工的特点和类型进行较具体的分析，他们在知识和能力方面有何种差距，他们是新员工还是一般在职员工，是技术人员还是管理人员，这些都要详细了解，全面掌握。例如，在对公交汽车运输调度员进行培训前，首先要了解，培训的对象是刚刚下场的学生实习生，还是有着几年经验的年轻汽车运输调度员或是经验丰富的老汽车运输调度员。

2. 培训内容的选定

根据员工培训目标的不同选定不同的培训内容。虽然培训具体内容不同，但是总体上它主要包括三个方面：①知识，即经过培训后应掌握何种知识；②能力，即经过培训后应掌握何种能力；③为特殊目的而进行的培训，如价值观的培训、乘客服务培训、团队精神和授权培训等。

3. 培训经费预算

培训经费预算是组织培训部门在制订培训计划时，根据培训计划编制出各项支出明细账，说明每一项支出的核算依据以及经费的收入，它是对培训方案总经费的估算。培训经费的使用范围一般包括培训项目所需器材设备购置费、培训人员的工资、公务费等。

4. 培训方法

培训方法主要是对培训过程中活动和方法的设计，采用何种活动方式、材料、设备等实现培训目标的要求。培训方法划分的标准也很多，大致说来，可分为在职培训(OJT)和外部组织培训。具体选用何种方式进行培训，要视培训对象、内容和要求及员工培训经费预算的具体情况而定。在员工培训中，有多种具体的方法，如讲演法、讨论法、角色扮演、案例法、远距离培训、视听技术等。在培训过程中，具体采用何种方法，应视教学内容、教学条件、教师等因素而定。

三、计划实施阶段

1. 培训硬件的准备

培训硬件的准备包括教学地点、时间的确认、教学设备设施的保障、教学资料的准备等。

2. 培训软件的准备

(1)培训管理制度的制定与学习。

培训管理制度一般由培训部门制定，由教育者与被教育者讨论并作修改，形成正式文件后组织大家学习，以保证教学秩序的正常进行。

(2)培训教师的“培训引导”。

培训教师可能是技术专家,但不一定具备教师职业的素质。“培训引导”是指培训引导教师不断提高自己的教师职业素质,有效地完成整个培训工作的过程。例如,公交拥有一批非常优秀的“老”汽车运输调度员,他们具有丰富的服务经验,并且是全国或者市级的劳动模范,这些人就是公交行业的服务专家,他们应具有培训新生力量的能力。

(3)帮助培训教师了解受训者的情况。

了解受训者的情况主要包括了解受训员工的基本知识、技能和对教育培训的态度。

(4)培训教师确定教学课程计划

培训教师设计好培训内容的教授方式和活动。计划实施的各种条件准备好之后,具体的培训工作也就可以开始了。培训工作是否能够成功进行,主要取决于培训教师在培训过程中运用培训策略和方法是否恰当。

依据教学内容、培训对象的不同,教师可以采用讲课、会谈、分组讨论、学习案例、游戏、模拟实践等不同的策略方式进行教学。在教学过程中,培训教师要注意创造一个积极的环境,让受训者勇于提问且不失自尊。此外,教师还要注意与受训者交流,及时收集反馈信息,并始终保持极高的教学热情。

四、培训效果评价

培训质量水平的高低会直接影响职业培训事业的发展,影响人力资源开发的效果。通过培训效果评价可以不断总结经验,发现问题,使培训方式、培训内容、培训教师的选择等更适合培训的特点,达到预期的培训目的和目标。所以,只有当培训得到评价后,整个培训的过程才算结束。通过培训评价需要了解受训者是否喜欢培训,他们是否学到了应该学到的东西,这两点很重要。如果受训者不喜欢培训,多数情形下他们也不会学到什么东西。另外,受训者仅仅对培训感兴趣还远远不够,他们还必须了解培训和工作之间是否真正建立了联系,受训者通过培训提高了技能,掌握了应该学会的新知识,会做培训前不会做的事情,才能说明培训是成功的。

培训效果评价可以通过两种方法进行:一种方法是控制实验方法,即采用一个培训组和一个实验组(非培训),通过采集培训组和实验组在培训前后相应时期的有关数据(如工作效率、工作质量等)并进行分析,确定职业培训的效果。这种方法工作任务较重,而且需要时间较长,所以较少采用。另一种方法是采用评价指标来评价职业培训的效果如何。采用这种方法评价又可分为两个阶段进行:一个阶段是在培训课程结束时对课堂进行评价;另一个阶段是培训结束一段时间后(2~3个月)再进行追踪评价。

五、培训课堂质量的评价

培训课堂质量评价的内容主要包括以下方面：

(1)受训者对培训计划的反应如何。他们是否喜欢这个计划？认为这个计划是否有价值？

(2)受训者是否学到了应该学到的知识。培训前不会做的事，现在是否会做了？他们的技能提高了吗？其他方面还有哪些需要改进？

(3)对教师授课是否满意？

(4)培训的时间、场地是否适宜？

进行追踪评价，会更好地反映受训者在工作中对所学知识和技能的应用程度，通常可以通过调查和观察方法进行，一般通过问卷和访谈的方式向受训者和他们的主管调查，了解他们的工作状况以及培训前后的变化。通过调查受训者在工作现场的实际表现，了解他们对所学知识和技能的应用情况。

在进行公交乘务培训之后，都会有对培训效果进行检验。例如，让汽车运输调度员进行等级技能考试或是通过乘客来信的方式来进行检验。

第三节 微课设计

2018年4月教育部《教育信息化2.0行动计划》的实施标志着国内的教育信息化建设进入2.0时代。为深入贯彻落实《教育信息化2.0行动计划》，扎实推进信息技术与教育的深度融合，职业教育培训工作者不断探索微课在职业培训指导创新应用中的有效模式和方法，以教师的科研活动为桥梁，以校企科研合作实训基地为平台，深入挖掘和推广不同职业领域中的典型案例和先进经验，推动教育信息技术在职业培训中的创新应用，切实地提高职业培训的针对性和实效性。

随着科技不断发展，特别是信息和通信技术的飞速发展，给人们的生活和学习带来了巨大变化。同时，也让现代人的生活节奏变得越来越快，特别是就在职人员如何更好地解决工学矛盾，而提升个人职业素养、提高职业技能也成为目前劳动者和用人单位日益关注且迫切需要解决的问题。微课以其短小精悍和对知识技能、工作技巧极强针对性等特点为人们充分利用零散时间、及时快速地接受信息、开展碎片化学习、不断更新知识技能等提供了可能。微课，顾名思义是指微型课程。所谓微型，更多的是针对课程时间和内容而言。

随着互联网+技术飞速发展，与当前广泛应用的众多社会性工具软件(如博客、微博、Facebook、Youku、Tudou等)一样，微课也将具有十分广阔的教育应用前景。对于教师来说，微课将革新传统的教学与教研方式，突破教师传统的听、评课模式。教师的电子备课、课堂教学和课后反思的资源应用将更具有针对性和实效性。对于学习者来说，微课能更好地满足人们对不同学科知识点的个性化学习、按需选择学习，既拓展知识面又可以更多地了解和掌握工作技能技巧，是传统培训指导学习的一种重要补充和拓展资源。随着手持移动数码产品和无线网络的普及，基于微课的移动学习、远程学习、在线学习、"泛在学习"将会越来越普及，微课必将成为一种新型的培训模式和学习方式。同时，微课也成为一种可以让人们自主选择学习，进行探索、发现和相互研究交流的平台。

微课来源于 Micro lecture 一词，直译为微型讲座。它是指运用信息技术按照认知规律，呈现碎片化学习内容、过程及扩展素材的结构化数字资源。

一、微课的组成

微课的核心组成内容是课堂教学视频(课例片段)，同时，微课还包含与该教学主题相关的教学设计、素材课件、教学反思、练习测试及学生反馈、教师点评等辅助性教学资源，这些教学资源以一定的组织关系和呈现方式共同营造了一个半结构化、主题式的资源单元应用"小环境"。因此，微课既是有别于传统单一资源类型的教学课例、教学课件、教学设计、教学反思等教学资源，又是在其基础上继承和发展起来的一种新型教学资源。

二、微课的主要特点

1. 教学时间较短

职业培训指导的对象一般为从业人员和有就业需求的成人。为能够更好地利用培训时间，一般采用集中培训的方式，培训的时间长(一般以小时为单位)、信息量大。微课和传统培训相比较，微课的时长一般为 5 ~ 8min，最长不宜超过 20min。因此，相对于传统的培训课程来说，微课可以称之为"理论要点"或"技巧点拨"。

2. 教学内容较少、主题突出、内容具体

一个微课就是一个主题，或者说一课一事。微课研究的问题源于培训教学具体实践中的具体问题，或是生活思考，或是教学反思，或是难点突破，或是重点强调，或是学习策略、教学方法、教育教学观点等等具体的、真实的、自己或与同伴可以解决的问题。

相对于较宽泛的传统课堂，微课的问题聚集，主题突出，更适合在职人员利用碎片化时间进行学习。微课主要是为了突出职业领域中某个专业知识点、技能技巧(如培训指导中重点、难点、疑点内容）的教学，或是反映课堂中某个培训环节、培训主题的“教与学”活动，相对于传统教学一节课要完成的复杂众多的教学内容，微课的内容更加精简、单一，因此又可以称之为微课堂。

3. 资源容量较小

教学视频是微课的主要表现形式。从容量大小方面来说，微课视频及配套辅助资源的总容量一般在几十兆左右，视频格式必须是支持网络在线播放的流媒体格式（如“. rm”“. wmv”“. flv”等），师生既可以流畅地在线观摩培训内容，查看教案、课件等辅助资源，也可以灵活方便地将其下载并保存到终端设备（如笔记本电脑、手机、MP4 等）上实现随地学习随时学习，适合学员在工余时间进行观摩、学习、反思和研究。

4. 资源组成、结构构成“情境化”，资源使用方便

微课选取的培训内容一般要求主题突出、指向明确、相对完整。它以教学视频片段为主线“统整”教学设计（包括教案或学案）、培训教学时使用的多媒体素材和课件，教师课后的教学反思，学员的反馈意见，以及专家的文字点评等相关教学资源，构成了一个主题鲜明、类型多样、结构紧凑的“主题单元资源包”，营造了一个真实的“微教学资源环境”。这也使得微课资源具有视频教学案例的特征。教师和学员在这种真实的、具体的、典型案例化的“教与学”情境中易于实现“隐性知识”“默会知识”等高阶思维能力的学习，并实现教学观念、技能、风格的模仿、迁移和提升，从而迅速地提升教师的课堂教学水平，促进教师的专业成长，提高学生学业水平。

一节微课只讲授一两个知识点，既没有复杂的课程体系，也没有众多的教学目标与教学对象，看似没有系统性和全面性，因此许多人称之为“碎片化”。但是微课是针对特定的目标人群、传递特定的知识内容而制作的，一节微课自身仍然需要系统性，一组微课所表达的知识仍然需要全面性。

微课的主要特征：

（1）主持人讲授性。主持人可以出镜，也可以画外音。

（2）流媒体播放性。微课可以通过视频、动画等基于网络流媒体播放。

（3）教学时间较短。5 ~ 10min 为宜，少则不超过 5min，最长不宜超过 20min。

（4）教学内容少而精。突出某个学科知识点或技能点。

（5）资源容量较小。微课适合基于移动设备的移动学习。

（6）精致教学设计。完整的、精心的信息化教学设计。

（7）经典示范案例。真实的、具体的、典型案例化的“教与学”情境。

（8）自主学习为主。微课供学习者自主学习的课程，是一对一的学习。

（9）制作简便实用。多种途径和设备制作，以实用为宗旨。

（10）配套相关材料。微课需要配套相关的练习、资源及评价方法。

三、微课的分类

1. 按照课堂教学方法来分类

按照课堂教学方法微课可分为讲授法、问答法、启发法、讨论法、演示法、练习法、实验法、表演法、自主学习法、合作学习法和探究学习法。

(1)讲授法。这种教学方法适用于教师运用口头语言向学生传授知识(如描绘情境、叙述事实、解释概念、论证原理和阐明规律)。这是最常见、最主要的一种微课类型。

(2)问答法(谈话法)。这种教学方法适用于教师按一定的教学要求向学生提出问题,要求学生回答,并通过问答的形式来引导学生获取或巩固检查知识。

(3)启发法。这种教学方法适用于教师在教学过程中根据教学任务和学习的客观规律,从学生的实际出发,采用多种方式,以启发学生的思维为核心,充分调动学生的学习主动性和积极性,促使学生生动活泼地学习。

(4)讨论法。这种教学方法适用于在教师指导下,由全班或小组围绕某一种中心问题通过发表各自意见和看法,共同研讨,相互启发,集思广益地进行学习。

(5)演示法。这种教学方法是以直接感知为主的方法。演示法适用于教师在课堂教学时,把实物或直观教具展示给学生看,或者做示范性的实验,或通过现代教学手段,通过实际观察获得感性知识以说明和印证所传授知识。

(6)练习法。这种教学方法是以实际训练为主的方法。练习法适用于学生在教师的指导下,依靠自觉的控制和校正,反复地完成一定动作或活动方式,借以形成技能、技巧或行为习惯。尤其适合工具性学科(如语文、外语、数学等)和技能性学科(如体育、音乐、美术等)。

(7)实验法。这种教学方法适用于学生在教师的指导下,使用一定的设备和材料,通过控制条件的操作过程,引起实验对象的某些变化,从观察这些现象的变化中获取新知识或验证知识。在物理、化学、生物、地理和自然常识等学科的教学中,实验类微课较为常见。

(8)表演法。这种教学方法是一种以欣赏活动为主的教学方法。表演法适用于在教师的引导下,组织学生对教学内容进行戏剧化的模仿表演和再现,以达到学习交流和娱乐的目的,促进审美感受和提高学习兴趣。表演法一般分为教师的示范表演和学生的自我表演两种。

(9)自主学习法。这种教学方法是以引导探究为主的方法。自主学习法适用于以学生作为学习的主体,通过学生独立的分析、探索、实践、质疑、创造等方法来实现学习目标。

(10)合作学习法。这种教学方法是一种通过小组或团队的形式组织学生进行学习的一种策略。

(11)探究学习法。这种教学方法适用于学生在主动参与的前提下,根据自己的猜想或假设,运用科学的方法对问题进行研究,在研究过程中获得创新实践能力、获得思维发展以及自主构建知识体系的一种学习方式。

一般情况一节微课对应某一种微课类型,但也可以同时属于两种或两种以上微课类型的组合(如提问讲授类、合作探究类等),其分类不是唯一的,应该保留一定的开放性。同时,由于现代教育教学理论的不断发展,教学方法和手段的不断创新,微课类型也并不是一成不变的。

2. 按课堂教学主要环节(进程)来分类

按课堂教学主要环节(进程)微课类型可分为课前复习类、新课导入类、知识理解类、练习巩固类和小结拓展类。

3. 其他分类

其他与教育教学相关的微课类型有说课类、班会课类、实践课类、活动类等。

四、微课设计

微课虽以时间短、内容少著称,但要讲好微课并制作一堂内容精炼、让学员有所收获、形式灵活、表达美观流畅的作品,还需要教师从选题、呈现方式、教学方法、学生学法、选择等方面进行全方位的设计。

1. 明确微课制作目的

教师进行微课设计前首先必须明确制作目的,即解决"为什么制作微课?"的问题。就微课受众及教师微课设计目的而言,可以分为说课类(表演类)和授课类两种类型。针对不同目的,在选题、内容表现、方法选择、教学策略制定等都会有所不同。

2. 选择主题

一般微课的主题为这门专业课程的某个知识点、技能点,所以,在主题选择上教师应该选择课程中经常出现的重点、难点、疑点。当然,在选择主题之前教师应该对学生的学习情况和需求进行分析和调查,这样才能明确学生对微课主题需求的方向。

3. 设计授课类型

微课的授课类型主要有课堂讲授型、访谈对话型、故事型和案例分析型等。

课堂讲授型是指将学科知识的重点、难点、关键点以讲授为主的授课方法。

访谈对话型是指设计不同角色身份,通过访谈对话将知识点呈现。

故事型是指以故事来演绎知识点。

案例分析型是指通过案例分析来传达知识点。

4. 设计具体呈现形态

微课具体呈现形态主要有录播教室实录式微课、现实演示型微课、录屏型微课、创意 MG 动画微课和交互型微课等。

录播教室实录式微课是指在专业的录播教室直接讲授学科知识的重点、难点、关键点。录播教室实录式微课比较适合理论性较强的课程,对教师的教学掌控能力要求较高,这种方式能很好地展示教师的教学风采,能直观地展示整个教学活动的全过程。

现实演示型微课是指利用实景拍摄的形式,在实训室、生产车间、操作台等场所对实操技能过程演示并进行拍摄。

录屏型微课主要利用录屏软件将教师的 PPT 等课件录屏并加入讲解旁白进行呈现。

创意 MG 动画微课是指以趣味、直叙或纪录片等旁白讲解形式阐述要讲的内容,此类微课对技术要求较高,一般是教师设计好内容脚本,聘请专业的制作公司进行制作。交互型微课是指利用专业的软件模拟制作出实操步骤,让学生根据软件设定好的实操步骤进行交互操作,以获得直观的认知。

5. 撰写脚本

微课制作和电影制作一样,都需要在制作前先设计好脚本,然后进行方案可行性论证,再开始制作。如果是边想边制作,有可能与事先设想呈现的效果大相径庭。一个完整的微课制作脚本包括总体时间、拍摄内容、呈现状态、机位选择和配音等。

五、微课的制作

1. 课件资源

课件主要利用 PPT、动画软件等制作。在制作时需要注意以下几点:

(1)动静结合,充分利用动态效果,给人以动态美感。

(2)页面颜色搭配合理,整体画面不能过于凌乱,颜色一般控制在 4 种以内为佳,否则会容易视觉疲劳,给学习者带来不好的感官效果。

(3)图文并茂,字体、图片搭配合理。

2. 视频资源

视频是微课的核心,其制作方法主要有以下两种:

(1)使用 DV、智能手机、数码相机,条件和技术较好的学习者还可以使用专业的摄像机。通过拍摄制作出优质的微课,拍摄的画质一定要高,为此,在拍摄时一定要注意,环境方面,要选择适合的光线环境,拍摄时要远离强光、不背光,或者让拍课教师选择无损坏的地方站位讲课。

(2)使用录屏软件进行制作。可以下载超级录屏、CAMTASIASTUDIO 等软件,将在电脑上操作画面进行录屏。在使用录屏软件进行制作时,如果是同步录音,要注意保持环境安静无噪声,录制者最好采用通俗易懂、风趣的口语进行旁白,尽可能减少古板的书面语句。录屏的画面要图文并茂,页面搭配要符合人体视觉感官。

3. 后期生成

在准备好课件资源和视频资源后,利用专业的编辑软件对资源进行编辑,添加片头片尾、添加旁白字幕、添加影效和音效等,最后输出生成微课视频。微课的生成和输出应考虑后期应用平台的容量和传输速度及综合画质。一般单个的微课总时间控制在 10min 以内,大小在 600M 以内,生成模式为、MP4 模式比较合适。一个完整的微课制作必须包括课程名称、有信息提供的片头、有逻辑的课程内容以及有概况引导的片尾等。

微课视频制作完成后,借助于网络平台发布,学生就可在线观看或下载后进行学习,但这只是完成了微课设计的第一步。微课的核心是教学资源共享、协同浏览。标准的微课系统拥有完整的教学资源,具备文档播放、视频语音交互、电子教鞭、电子白板、屏幕共享、网页共享、文字交互、课程录制和虚拟课堂等功能。此外,微课制作还包括众多个性化设计细节。

微课绝不仅仅局限于微课中视频的观看和学习,它还包括:对学生的学习进度和学习效果等进行管理和监控;学习中师生互动答疑;课程作业、测试及最终对学生的学习结果进行评价;对培训机构和培训教学效果的反馈;等等。

基于互联网技术的不断发展和普及,微课的特点和优势日益被人们了解、接受和认可。职业培训的对象大部分是在职人员,他们受时间、地点的限制难于接受传统教育方式的培训和教育指导,微课的方式为进一步提升劳动者素质和职业技能水平提供了有力保障,这代表着微课已经逐渐走进社会公众的生活,并成为一种不同于学校教育的终身教育的主流方式。

第九章

北京公交集团企业文化价值

党的十八大以来，以习近平同志为核心的党中央高度重视社会主义文化建设，发表了一系列关于文化建设的重要论述，立意高远，内涵丰富，思想深刻，意义重大。党的十九大报告深刻阐述了文化和文化建设的重要地位及作用，指出文化是一个国家、一个民族的灵魂，阐明了发展中国特色社会主义文化的方向、目标等推进文化建设的重大问题，为坚定文化自信，推动社会主义文化繁荣兴盛提供了根本遵循。北京公交集团深入贯彻落实习近平新时代中国特色社会主义思想和党的十九大精神，高度重视企业文化的作用，从企业改革发展和生产经营的实际出发，加强企业文化建设，坚定企业文化自信，提升企业文化力量，建强企业文化品牌，形成了独具特色的北京公交集团企业文化。

第一节　北京公交集团企业文化发展历程

一、北京公交企业文化发展脉络

北京公交已有近百年的历史。1921 年，北京电车股份有限公司正式成立，古都北京驶出了第一辆有轨电车，这是北京城市公交的初始，由此掀开了北京城市公共交通事业发展的序幕。中华人民共和国成立后，成立了“北京市公共汽车公司”。经过 30 年的艰苦奋斗、创业发展，北京城市公共交通行业初步形成规模，于 1980 年 8 月改组成立了“北京市公共交通总公司”，成为首都地面公共交通的经营主体。进入 21 世纪后，随着“公交优先”发展战略的确定，2004 年改制更名为“北京公共交通控股(集团)有限公司”。

北京公交集团作为国有独资大型公益性企业，是以城市地面公共交通客运主业为依托，集多元化投资、多种经济类型为一体的大型公共交通集团企业。经过近百年的发展，由诞生时的 2 条电车线路、总长 12.5 公里，成长为具有运营车辆 20000 余辆、运营线路 1000 余条、线路总长 20000 余公里的现代化企业，在首都城市地面客运中处于主体地位，发挥着主导作用。

北京公交近百年的发展历史，不仅留下了时代的烙印，同时积淀了丰厚的文化底蕴，形成了北京公交优秀的文化传统。改革开放以来，北京公交集团较早地学习、吸收国内外企业文化理论和文化管理的先进经验，解放思想，开拓创新，将企业文化理论与本企业的实际相结合，扎实推进企业文化建设。1993 年，北京公交开始了对企业文化的初步系统建设；2005 年，在总结提炼企业文化内涵的基础上，从导入企业识别系统(CIS)入手,先后形成了企业理念识别规范、企业行为识别规范和企业视觉识别规范,逐步构建起企业文化的基础框架,着力打造特色鲜明的北京公交企业文化。

2017年,北京公交集团适应新时代的新变化、新要求,对企业文化再次进行深化提炼,在北京公交百年优秀文化积淀及以往企业文化建设经验的基础上,全面提升和构建与国家及首都发展相适应,与新时期企业战略、使命和愿景相匹配的文化体系,将北京公交文化提升到"同行文化"的新高度,支撑与引领集团公司的可持续发展。"同行文化"的提出标志着北京公交集团企业文化建设进入规范化、标准化、制度化的新阶段,上升到进一步创新发展的新层次。

二、北京公交企业文化传承积淀

北京公交近百年历史积淀的优秀文化是北京公交集团宝贵的精神财富和无形资产。在建设中国特色社会主义新时代,北京公交集团的优秀文化积淀将厚积薄发,进一步绽放出展现首善形象、优质服务乘客的绚丽光彩。

1. 乘客至上,诚于服务

乘客至上、诚于服务,是北京公交集团文化的历史积淀。北京公交集团秉持"一心为乘客、服务最光荣,真情献社会、责任勇担当"的企业精神,把乘客需求放在发展的首位,优化线网结构,提供便利的出行方案;加快车辆更新,打造舒适的乘车环境;完善服务规范,打造和推广服务亮点;深化服务专项整治,解决影响乘客体验的关键问题。20世纪50年代驾驶煤气炉车的"节能状元"葛正中和著名的13路"全国红旗车队";60年代苦练售票技能"一手清"的吴兰芬;70年代解答乘客难题"百问不倒"的赵淑珍;80年代被誉为"晶莹露珠"的王桂荣、"新长征突击手"杨本莉;90年代"岗位作奉献,真情为他人"的李素丽、"活地图"任玉琢和电车"103路"车队、"大1路"等服务品牌,都是乘客至上、诚于服务的杰出代表。

乘客至上、诚于服务,是北京公交人真诚美德的一脉相承。几十年来,北京公交集团坚持岗位学雷锋,把真诚作为优质服务的第一要义、职业素养的第一准则,不断提升整体服务水平。广大员工把对乘客的真诚化作诚挚的爱心、热忱的态度、和善的话语、文明的举止,真心服务于社会大众,使北京公交成为首都的一张靓丽名片。

2. 心怀大局,勇于担当

扎根于广大员工心中的首都意识,铸就了北京公交人心怀大局、勇于担当的责任自觉。

(1)心怀助力首都发展的大局。广大员工深知公共交通是城市主要的出行方式,关系人民群众日常工作和生活,关系城市正常运转,关系首都经济发展,深感公交服务工作责任重大,平凡而光荣。几十年来,伴随着首都城市建设的快速发展,公交线路不断向新建小区和郊区村镇延伸,北京公交集团广大员工牢固树立大局意识,勇于担当责任,保证了条条新线按时开通,满足了广大群众公交出行的需求。

(2)心怀展现首都形象的大局。广大员工把本员工作和中央对北京的“四个服务”要求紧密联系起来,以树立首都形象、展示首善风采为己任,在北京窗口服务领域率先提出“在全国人民面前代表首都,在世界人民面前代表中国”的响亮口号,做讲文明、有礼貌的北京人,通过公交服务的良好形象为首都形象增光添彩。

(3)心怀服务首都大事的大局。北京公交集团在首都历次重大政治活动中,认真落实市委、市政府工作部署和要求,以高度的政治责任感,选配高素质员工和精心保养的车辆参加运输保障工作,精心组织,精细调度,精准衔接,保证了每一次重要任务的圆满完成。

3. 拼搏敬业,甘于奉献

公共交通是一刻不能停摆的城市动脉,公交人的职责就是保证城市动脉畅通。“让更多的人享受更好的公共出行服务”的光荣使命,激励北京公交集团员工把方便带给乘客,把困难留给自己,形成拼搏敬业、甘于奉献的文化积淀。

拼搏敬业、甘于奉献的文化积淀,是北京公交集团薪火相传的优秀品质。在平凡的工作岗位上,在风雨无阻的公交服务中,在起得最早归得最晚的奉献中,北京公交人诠释着“一心为乘客,服务最光荣,真情献社会,责任勇担当”的企业精神,在为他人服务的奋斗中实现个人的人生价值。

拼搏敬业、甘于奉献的文化积淀,是坚持不懈、精心培育的结果。长期以来,北京公交集团各级组织始终注重员工队伍建设,大力营造“吃苦耐劳、乐于奉献、勇挑重担、先进引领”的思想氛围,使拼搏敬业,甘于奉献成为群体的思想境界,使员工队伍成为坚守国企职责,忠诚公交事业,在急难险重任务中迎难而上,在平凡工作岗位上兼程往复,以强烈政治责任感和社会使命感奉献于首都发展的过硬员工队伍。

4. 以人为本,长于关爱

以人为本、长于关爱是北京公交集团长期形成的优良传统,是坚持党的群众路线在企业文化中的具体体现。

以人为本、长于关爱充分体现在以员工为本。北京公交集团视员工为企业的根本,依靠员工群众办好国有企业,发挥员工代表大会的职能和作用,在企业改革发展中切实维护员工根本利益。坚持关心员工生活,做好事、办实事、解难事,让员工快乐工作、感受尊严。坚持优机制、搭平台、创氛围,促进员工强能力、提素质,不断成长、实现梦想。

以人为本、长于关爱,充分体现在以乘客为本。北京公交集团视乘客为服务主体,坚持“以人为本、乘客至上、创新发展、追求卓越”的核心价值,履行“让更多的人享受更好的公共出行服务”的企业使命,从乘客需求出发,不断优化线路,“减重复”“提运速”“便接驳”“增覆盖”，提供优质服务和多样化服务。通过不断创新公交经营模式，引领公众出行方式，吸引公众首选公交出行，为提升城市生活品质、治理大气污染、减轻道路拥堵做出了应有的贡献。

第二节　北京公交集团企业文化建设体系

一、北京公交企业文化发展目标

企业文化发展目标是企业文化建设工作实施的“统领”，具有阶段性特点，其内容决定了在较长的一段时期内，企业文化建设方向的准确性、计划的有效性和落实的可行性，是支撑企业发展总体战略布局的重要组成部分，确保企业文化建设形成整体规划、有序推进的总体格局。

现阶段企业文化建设发展阶段性目标即“四个高”：建设一个“高趋同”的价值理念体系、构建一个“高效率”的文化管理模式、坚持开展“高层次”的文化实践创新、大力塑造“高信赖”的集团品牌形象。

建设一个“高趋同”的价值理念体系：开展企业文化优化升级，形成体现集团特色、具有前瞻性的理念体系。梳理提炼，构建核心价值观指导下的、适应公交集团变革发展的行为规范体系。

构建一个“高效率”的文化管理模式：健全责任体系，组建一支覆盖全面、专业精干的企业文化建设队伍，建立分工明确、齐抓共管的工作机制。明确“一主多元”的母子文化架构，指导二、三级单位开展统一文化下的特色实践，不断丰富和发展公交文化。

坚持开展“高层次”的文化实践创新：理念引导，进行核心价值观指导下的管理创新，有计划、有主题、有重点地开展管理提升活动，提升企业的管理效能。实践渗透，推进特色实践载体创新，开展六大文化建设与特色子文化建设，促进企业文化的落地生根。

大力塑造“高信赖”的集团品牌形象：科学定位，梳理品牌架构，明确品牌核心价值，塑造个性鲜明、凸显公益属性的“北京公交”的品牌形象。精准传播，制定品牌传播规划，开展贴近时代、贴近百姓的系列品牌活动，提升“北京公交”品牌的影响力。

通过“四个高”的企业文化建设阶段性目标，持续提升集团公司企业文化建设水平，使企业文化深度融入日常工作以及企业管理，逐步形成富有集团特色的企业文化建设行业标杆，充分发挥企业文化的向心力和凝聚力，达到统一思想、凝聚共识、规范行为、塑造品牌的良好效果，推动员工由“制度驱动”转变为“价值观驱动”，为集团公司发展提供强大的文化支撑。

二、北京公交“六大文化”建设

北京公交“六大文化”建设是贯彻落实党的十九大精神，坚定文化自信的重要体现；是企业牢记初心使命，保持高度战略定力和发展方向的内在要求；是推动企业现代化建设，完善企业现代治理体系，提升企业“文化软实力”的重要举措。文化是企业发展最根本、最持久的力量，在新的时代背景、新的发展阶段下，集团公司党委高度重视企业文化建设，提出了开展“六大文化”建设，即理念文化、制度文化、识别文化、仪式文化、行为文化、执行力文化，以此把有形的文化和无形的文化结合起来，让文化不虚化、不空谈，落地有声，落实有力。这“六大文化”相辅相成，相互联系，相互支撑，既是对北京公交以往企业文化的精心提炼，又是对现代文化的吸收升华，翻开了新时代北京公交企业文化建设的新篇章。

1. 理念文化

理念文化是企业文化的核心和灵魂，是企业在生产经营过程中受文化传统、意识形态影响而形成的一种长期的文化观念和精神成果，具有导向、约束、激励、凝聚等作用。理念文化坚持传承与创新相结合，在总结归纳企业发展历程中积淀而形成的优秀文化元素。理念文化一般由企业使命、愿景、核心价值观和企业精神以及具体的实践理念组成。开展理念文化建设，重点在于突出企业文化的核心价值，传承公交优秀企业文化，践行企业使命、企业愿景、核心价值观、企业精神等，通过强化理念文化，起到凝心聚力的重要作用，营造北京公交良好的企业文化氛围，增强全体员工对企业的认同感和归属感。

2. 制度文化

制度文化是推进企业治理体系和治理能力现代化的重要支撑，是全面依法治企、强化企业民主管理、科学管理的集中体现，也是企业全体员工共同遵循的行为规范。科学合理的制度文化既是优秀企业文化的客观反映，也是对于贯彻实施企业文化的重要保障。制度文化可以将企业文化理念转化为实际可操作的管理制度和机制，使各项制度反映企业文化理念，做到“固化于制”。集团实施制度文化主要体现在公开、公平、公正上，要突出激励、业绩、能力导向。通过制度执行实现有序管理，树立制度的威严，使管理有法可依；结合企业服务对标、内控管理等工作，在运营生产实际过程中强化员工的制度意识、责任意识，使员工对制度逐渐认同、深入理解、严格执行，把外在的行为约束转化为内在的信念约束，形成内在管理的制度约束机制。

3. 识别文化

识别文化是对企业文化理念的具体物质与形象表现，对扩大“北京公交”影响力、号召力和凝聚力具有重要作用，是企业形象鲜明的视觉展现，将集团企业文化、企业规范转化为清晰可见的识别系统，进而凝聚核心价值文化的共识。开展识别文化建设，要在车厢、场站、站台识别中突显公交文化特色，让企业愿景、企业使命、企业核心价值观随处可见，在公益性企业范围的车辆、设施中冠以“北京公交”，注重无形资产和知识产权的保护，形成文化的聚合力。对企业视觉识别系统进行规范化应用和升级，进一步明确企业标识（Logo）、企业标准色、标准专用字体、企业名称规范、辅助图形应用等；将识别文化贯穿于企业的经营管理行为之中，展现企业形象特征，树立企业品牌文化，起到内聚人心、外树形象的作用。

4. 仪式文化

仪式文化以宣传企业的核心价值文化为重点，是把集团开展的某些工作固定化、程式化，是展示企业形象的重要途径和方式。仪式文化以集体行为的结构化和稳定的模式为特征，是一个不断强化文化宣传的过程。发挥仪式文化的作用，能够通过有形的活动将无形的文化理念内化于心，潜移默化地影响员工思维，形成文化习惯，增强员工的归属感和自豪感，有效解决企业文化的落地问题。

5. 行为文化

行为文化是员工在生产经营、人际关系中产生的活动文化，是以员工的行为为形态的企业文化。行为文化真实地反映了企业的使命、愿景和精神面貌，是企业核心价值文化的折射。在行为文化的实践中，要以安全、运营、服务各项工作为重点，倡导员工的职业道德和诚信服务，满足乘客出行需求，提高服务水平，体现文明行为，帮助员工从思想意识、管理行为上塑造公交行为文化，提升员工的整体素养。

6. 执行力文化

执行力文化是把“执行力”作为所有行为的最高准则和终极目标的文化，体现了企业的核心竞争力。执行力文化的关键在于透过企业文化塑造和影响企业所有员工的行为，形成全心全意、令行禁止、权责明确等工作作风。执行力文化是一个落实的过程，也就是不断发现问题进而解决问题的过程。具体体现为说我们做的，做我们说的，说到做到，通过考核、督查等方式全面加强，不仅要列项目，更重要的是盯结果，做到积极作为、善于作为、依法作为。

三、北京公交企业标识升级

随着时代变迁，企业理念文化更新，为使企业标识更富于时代性、国际化的要求，2017 年北京公交集团以目前国际上较为流行且具有北京特征的红灰配色为基准，并根据继承借鉴、融合创新、创意设计的原则,对企业标识进行调整和完善如图 9-1 所示。

图 9-1　北京公交企业标识

新的企业标识主要致力于打造“北京公交”品牌新形象,规范企业标识的整体形象应用,新标识的使用规定品牌标识以品牌形象图形(企业 Logo)、品牌标准字、英文构成整体品牌形象,三者原则上不可拆分,以保证北京公交企业品牌整体形象鲜明、简洁,从而在更大范围内提升“北京公交”的社会认知度。

标识遵循简洁明快的国际化设计理念,体现出北京公交集团的开放性、包容性、时代性。整体为椭圆造型,寓意方向盘和车轮,代表行业属性,体现出北京公交集团“同行文化”的融合力、凝聚力、向心力。

标识采用红、灰两种基本色。红色是首都的文化印记,有吉祥喜庆的寓意;灰色是北京青砖灰瓦的传统色彩,有深入人心的地域特征。两色相配,大气稳重,既体现出北京公交服务首都的政治责任,以及北京公交人服务公众的主动与热情,又富有历史感和地域感,展现出北京古老与现代相融的文化气息。

标识由三条线段围绕一个圆环,形似北京环形及散射状的路网,寓意北京公交集团立足首都、面向京津冀、走向世界的开放、创新之路,也寓意北京公交集团打造“互联网 + 公交”,实现互联互通,秉持智慧之道,建设现代公交的理念。

标识中间的红色飘带,似宽广的道路向远方延伸,象征北京公交集团走过百年的发展历程。北京公交集团在国家“一带一路”、非首都功能疏解、京津冀协同发展等新的历史条件下,践行“创新、协调、绿色、开放、共享”五大发展理念,打破固有观念,拓宽发展思路,谋新路、创新篇,体现了北京公交集团肩负新的使命、朝着新的愿景,公交现代化建设之路越走越宽,走向更加宽广美好的未来。

标识整体寓示新的历史时期,北京公交人既传承历史、同心同德、和融共生,又开拓创新、行无止境、追求卓越,不断走好建设国内领先、世界一流的现代公共交通综合服务企业新征程。

第三节　北京公交集团企业文化价值理念体系

北京公交集团企业文化价值理念体系是以“同行文化”为主题,包括“同行”内涵、“同行”价值(核心理念层)、“同行”共识(应用理念层)三个层面。

一、"同行"内涵

"同行"内涵是对"同行文化"概念的阐释,包括两个方面:一是同心同德,和融共生;二是行无止境,追求卓越。

1. 同心同德,和融共生

"同心同德,和融共生"体现的是北京公交人的情怀,更是信仰。"同心"内涵为共筑公交梦想,共促公交事业,统一思想行动;"同德"内涵为继承传统美德,恪守职业道德,弘扬精神文明;"和融"内涵为秉持公益定位,响应各方期盼,共建和谐生态;"共生"内涵为坚守惠众利民,坚持携手共进,实现协同发展。

"同心同德,和融共生"是北京公交集团"同行文化"体系中"六元价值"的内涵体现,表明北京公交集团始终坚定地与乘客同行、与政府同行、与员工同行、与社会同行、与伙伴同行、与行业同行,相互促进、携手共建,实现乘客满意、政府信任、员工幸福、社会赞誉、伙伴共赢、行业引领,共创首都公交美好明天。

2. 行无止境,追求卓越

"行无止境,追求卓越"体现的是北京公交人的进取,更是信念。"行无止境"内涵为勇担社会责任,提升服务品质,实现宏伟愿景;"追求卓越"内涵为谋求持续进步,推动跨越发展,实现公交梦想。

"行无止境,追求卓越"是北京公交集团新时期"三步走"发展战略部署的内涵要求。表明北京公交集团持续提升公交服务品质,提升资产经营质量,提升资本运作效益,促进企业健康可持续发展,致力成为"世界公共交通服务领域内具有较强影响力的公交企业"。

二、"同行"价值

"同行"价值是指北京公交集团"同行文化"的核心价值理念,共分为四个部分:一是使命,二是愿景,三是核心价值观,四是企业精神。

1. 使命

使命是北京公交集团存在的本质意义、肩负的根本任务。北京公交集团的企业使命是:让更多的人享受更好的公共出行服务。使命的内涵释义为:我们企业的本质是公益性服务,定位于"现代公共交通综合服务企业",为公众提供安全、快捷、方便、准时、舒适的"公共出行服务"是北京公交人的根本职责与庄严承诺。我们立足首都,服务京津冀,不断拓展经营领域,不断提升服务水平、不断满足出行需求,不断增强公交吸引力,让"更多的"人享受到公交优质服务。我们始终把提高出行服务品质放在首位,持续推进现代公交发展,以现代化设施、精细化管理、标准化服务,让公众享受到"更好的"公共出行体验。

2. 愿景

愿景是北京公交集团对未来发展的现实追求,是北京公交人为之奋斗的美好蓝图,努力实现的长远目标。北京公交集团的企业愿景是:引领公众出行方式,提升城市生活品质,成为卓越的国际性控股集团。愿景的内涵释义为:创新公交经营模式,提高公交运行效率,满足多样化出行需求,引领公众出行方式。北京公交集团倡导文明交通,推动绿色出行,共筑智慧公交,提升城市生活品质。北京公交集团做强做优做大主业,以一流人才、一流管理、一流经营、一流服务、一流效益、一流品牌,提升综合实力,提升服务品质,打造国际性控股集团,逐步成为世界公共交通服务领域内具有较强影响力的公交企业。唯有卓越,方能拥抱未来。

3. 核心价值观

核心价值观是北京公交集团存在意义的评价标准,北京公交人行为价值的选择标准,是北京公交集团的文化本质。北京公交集团的核心价值观是:以人为本,乘客至上,创新发展,追求卓越。"以人为本,乘客至上"是北京公交集团文化的历史积淀;"创新发展,追求卓越"是北京公交集团文化的时代引领。核心价值观的内涵释义为:北京公交集团视员工为企业的根本,坚持人性化管理,维护员工基本权益,促进员工全面发展,营造积极和谐的企业氛围,打造北京公交人共同的精神家园。北京公交集团视乘客为服务的主体,秉承"吃苦耐劳、乐于奉献、勇挑重担、先进引领"的优秀品格,践行"让乘客满意"的社会责任,"让政府放心"的政治责任。北京公交集团视创新为发展的核心,坚持观念创新,转变思维方式,开阔发展思路;坚持管理创新,转变管理方式,促进提质增效;坚持技术创新,转变服务方式,实现服务升级。北京公交集团视卓越为前进的目标,追求持续进步,追求跨越发展,追求实现乘客利益最大化、员工进步最大化、公交发展最大化,实现国内领先、世界一流,筑就"公交梦"。

4. 企业精神

企业精神是北京公交集团员工在长期工作实践中形成的意志品质,是企业发展、员工进步的精神动力。北京公交集团的企业精神是:一心为乘客,服务最光荣,真情献社会,责任勇担当。企业精神的内涵释义为:北京公交集团以奉献公交事业为荣,全心全意为乘客服务。温暖同乘,快乐同行,以真心感动乘客、以爱心关怀乘客、以热心帮扶乘客、以细心照顾乘客、以诚心回应乘客,在平凡岗位中永葆创先争优、服务一流的精神追求。北京公交集团以保障公众利益为责,真心实意为社会服务。情牵社会,心系民生,勇于肩负首都国企的政治责任、公益企业的社会责任,时刻保持敢打硬仗、能打胜仗的责任担当,为实现国际一流的和谐宜居之都贡献力量。

三、“同行”共识

“同行”共识是指北京公交集团“同行文化”应用层面的理念，共有八个部分：一是服务理念，二是管理理念，三是安全理念，四是科技理念，五是人才理念，六是学习理念，七是廉洁理念，八是品牌理念。

1. 服务理念

服务理念是北京公交集团为展示良好行业形象、赢得公众认知所奉行的基本信念，体现出北京公交人恪守公益性国有企业定位的服务本质。北京公交集团服务理念主题是打造“真情公交”，理念为“真诚于心，奉献于行”。

真诚是北京公交人一脉相承的光荣传统。北京公交集团把真诚作为优质服务的第一要义、职业素养的第一准则，以诚挚的爱心、热忱的态度、和善的言语、文明的举止服务于社会公众。奉献是北京公交人代代相传的优良作风。北京公交集团坚守国企职责，忠诚公交事业，在急难险重任务中迎难而上，在平凡工作岗位上兼程往复，以强烈的政治责任感和社会使命感奉献于首都发展。

2. 管理理念

管理理念是北京公交集团开展管理活动的基本原则，是实现固本强基、提质增效等一系列管理实践的基础保障。北京公交集团管理理念主题是打造“精益公交”，理念为“管必精细，行必高效”。

北京公交集团坚持目标导向，推行精细化管理。通过“决策科学化、经营法治化、基础坚实化、行为标准化、规范全员化”，管理环节做实做细，实现工作流程精细创优，达到“人人重细节、事事见效益”。北京公交集团坚持问题导向，聚焦高效执行力。言出必践，发挥主观能动性，全面准确，落实决策部署；行有建树，提高工作效率，加强团队协作，实现组织优化协同创效，达到“责任全方位、行动高效率”。

3. 安全理念

安全理念是北京公交集团打造“大安全”体系，打牢安全维稳基础的指导思想，实现企业持续安全稳定发展的基本原则。北京公交集团安全理念主题是打造“平安公交”，理念为“安全发展，共享安全”。

安全是企业的生存之本。北京公交集团树立“总体安全观”，坚持“安全第一”的红线意识和底线思维，依法建安、规范促安、精细创安、科技强安，打牢安全维稳基础，提高全面保障能力，实现企业长治久安。安全是员工的首要责权。北京公交集团牢记“公交无小事”的责任意识，坚持维护安全稳定人人有责，完善责任体系，发挥协同效应，全员“想安全、懂安全、保安全”，共建和谐稳定环境，共享安全发展红利。

4. 科技理念

科技理念是北京公交集团不断追求公共交通服务科技现代化、信息化及设备设施技术开发应用等方面的基本认知。北京公交集团科技理念主题是打造“智慧公交”,理念为“创新驱动,引领发展”。

科技理念旨在着力创新驱动,依托“互联网+公交”的深度融合,发挥创新思维,凝聚创新力量,促进绿色公交、信息公交、智能公交等领域的新技术应用,推动公交科技进步,保持领先水平。引领未来发展,关注公众出行方式的转型升级,聚焦运营效率、服务品质、节能环保、产业发展的全面提升,深化数据资源互联互通,提高国际化智能科技水平,打造城市智慧公交。

5. 人才理念

人才理念是北京公交集团对员工价值和团队管理的根本认知,体现出北京公交集团与员工共生、共创、共赢的发展原则。北京公交集团人才理念主题是打造“人文公交”,理念为“尊重关爱,共同成长。”

员工是企业创新发展的核心推动力。尊重每一位员工的人格尊严与职业诉求,关爱每一位员工的身心健康与发展进步,保障员工合法权益,营造和谐工作环境,激发员工工作热情,增强员工归属感。员工是公交事业进步的关键同路人。依靠每一位员工的价值创造力,完善培育激励机制,提供职业发展平台,让员工更加自信、更加自强、更加自豪,实现企业与员工同步发展、共同成长,增强企业凝聚力。

6. 学习理念

学习理念是北京公交集团对学习重要性和方法论的认知,是打造学习型企业的指导思想。北京公交集团学习理念主题是打造“知识公交”,理念为“尚学求进,尚行求实”。

崇尚学习,追求进步。北京公交集团营造“书香公交”的学习氛围,强调全员学习、主动学习、终身学习,让学习成为习惯、成为乐趣,在学习中开拓思维、增长能力、提升素养,做知识型北京公交人。推崇行动,讲求实干。北京公交集团强调工作岗位就是实践平台,工作过程就是实践过程,工作结果就是学习成果,让实干成为自觉、成为风尚,在实践中知行合一、学以致用,做实干型北京公交人。

7. 廉洁理念

廉洁理念是北京公交集团各级领导干部在党风廉政建设中所遵循的基本原则和政治素养。北京公交集团廉洁理念主题是打造“阳光公交”,理念为“严格自律,风清气正”。

廉洁理念是指自律其身,忠诚信仰、严守底线、慎独慎微;自律其位,坚持原则、秉公履职、知人善任;自律其权,依法用权、公正用权、谨慎用权;自律其行,遵规守纪、率先垂范、接受监督。坚持以“零容忍”的态度惩治腐败。全面构建廉政风险防控体系，筑牢防线、拒腐防变，做到不敢腐、不能腐、不想腐。弘扬风清弊绝的浩然正气，营造激浊扬清、以廉为美的清廉风尚。

8. 品牌理念

品牌理念是北京公交集团的品牌价值承诺，体现出北京公交集团的历史使命与价值追求。北京公交集团品牌理念主题是打造“品质公交”，理念为“一路同行，一心为您”。

北京公交与您一路同行。您是北京公交集团赖以生存的根基，您的需求就是北京公交集团前行的动力。北京公交集团是您最忠实的伙伴，信守与您的约定，寒来暑往真情服务，披星戴月永葆初心。北京公交为您一心服务。致力于构建更加安全、快捷、方便、准时、舒适的现代公共交通服务体系，为您营造更加通畅、和畅、舒畅的出行体验，让更多的人享受更好的公共出行服务。

第四节　北京公交集团员工行为规范

北京公交集团员工行为规范主要从企业文化建设的角度对企业员工进行规范，包括员工行为公约、行为准则和行为礼仪三个方面的内容。

一、行为公约

行为公约是企业全体员工共同遵守的约定，是企业员工共同信守的行为规范。行为公约共有八条，分别是：爱国守法、爱岗敬业、创先争优、团结协作、诚信友善、尊重包容、学习创新、健康自律。

1. 爱国守法

爱国守法是所有北京公交集团员工履职行为的底线，是指要热爱祖国，恪守公民基本道德规范，践行社会主义核心价值观。心中信法、遵纪守法，依法行使权利，自觉履行义务，争做合格公民。

2. 爱岗敬业

爱岗敬业是所有北京公交集团员工履职行为的本分，是指要忠诚企业，热爱本员工作，认真履行职责，优质高效完成任务。秉持职业道德，提高职业素养，充分发挥主观能动性。

3. 创先争优

创先争优是所有北京公交集团员工履职行为的目标，是指要为愿景而奋斗，以高昂的精神状态投入工作,以实际行动创造佳绩。努力成为岗位标杆,为企业创造效益,为社会贡献价值。

4. 团结协作

团结协作是所有北京公交集团员工履职行为的前提,是指要怀有共同的奋斗目标,互相信任,积极沟通,共同搭台。凝聚团队智慧,发挥团队力量,维护工作大局和集体利益。

5. 诚信友善

诚信友善是所有北京公交集团员工履职行为的基础,是指要遵守诺言,恪守信用,言必信,行必果。待人真诚,谦敬礼让,帮扶互助,传递友善。

6. 尊重包容

尊重包容是所有北京公交集团员工履职行为的共识,是指要尊重每一个人的想法和能力,尊重每一个人的付出和价值。换位思考增加理解,坦诚沟通化解争议,深度交流达成共识。

7. 学习创新

学习创新是所有北京公交集团员工履职行为的途径,是指要增强学习意识,提高学习能力,实现学习常态化、学习实效化。突破定式思维,坚持持续改进,追求更高的效率、更好的自己。

8. 健康自律

健康自律是所有北京公交集团员工履职行为的修养,是指要倡导健康的生活方式,陶冶高尚的道德情操,保持积极的阳光心态。严于律己,让自律成为一种习惯,保持良好的精神状态。

二、行为准则

行为准则是北京公交集团员工根据各自岗位的具体要求,在行为公约基础上进一步的工作标准和具体原则。

具体到北京公交集团调度员的行为准则,主要包括岗位理念和关键行为两个方面的要求调度员的岗位理念是“科学调度、高效指挥”。调度员的关键行为是“合理计划,科学安排,平衡运力,应急稳妥,关心驾乘,团结协作”。

三、行为礼仪

行为礼仪是北京公交集团员工在日常工作中要遵守的道德习惯,是企业员工素质、教养、道德等的集中体现。包括基本礼仪、工作礼仪和公共礼仪三个层面。

1. 基本礼仪

基本礼仪包括仪容仪表和言谈举止两个方面。

仪容仪表就是指要做到:面部干净、发须整洁、妆容淡雅、衣着得体、配饰简洁、形象大方。

言谈举止就是指要做到:语言文明、语调柔和、语速适中、坐姿端正、站姿挺拔、行姿稳健。

2. 工作礼仪

工作礼仪包括工作交往、工作汇报、拜访接待、通讯交流、会务活动五个方面。

工作交往就是指要做到:称谓礼貌、主动问候、亲切握手、言谈和蔼、手势得体、谦和有度。

工作汇报就是指要做到:准备充分、发言简明、条理清晰、征询意见、准确记录、领会精神。

拜访接待就是指要做到提前预约、遵约守时、真诚致谢、安排得当、迎送合规、礼宾有序。

通讯交流就是指要做到:在电话沟通时确认身份、表述清晰、记录重点;在电子邮件沟通时主题明确、语句准确、格式规范;在传真沟通时信息完整、及时转呈、确认送达。

会务活动就是指要做到:组织者能够精心筹备、全程保障、后续跟进;参与者能够准时参会、认真倾听、遵守规则;主持人能够言达行雅、掌控议程、稳健灵活;发言人能够态度谦和、表达精准、把握时间。

3. 公共礼仪

公共礼仪就是指要做到:遵规守纪、文明自律、友善礼让、和睦共处、尊老爱幼、乐于助人、爱护公物、节约环保。

第五节　北京公交集团企业文化实践活动

北京公交集团企业文化实践活动是在企业文化价值理念体系的基础上,从文化外在实践的角度,对企业文化建设进行的丰富发展。通过企业文化实践活动对企业核心价值理念进行宣贯,使之成为企业员工的行动自觉和行为自觉,不断提升企业文化的影响力、传播力、传导力。

北京公交集团企业文化实践活动主要内容是要突出发挥"新媒体、新平台、新仪式、新空间"在企业文化创新实践中的作用,从载体层面深入开展二十项重点任务,即"一个全媒体宣贯载体";"五个文化传播平台",包括员工互动平台、文体活动平台、在线学习平台、形象展示平台、公益活动平台;“六大仪式文化建设”,包括员工入职仪式、员工退休仪式、教育激励仪式、入党入团仪式、管理任职仪式、企业纪念仪式;“八项文化实践活动”,包括讲好一堂企业文化课、组建一支文化宣讲团、拍好一批公交金镜头、挖掘一组公交好故事、开辟一档公交微节目、聘请一批公交代言人、设计一套文化衍生品、设立一个员工“文化节”,简称企业文化“1、5、6、8”实践体系。

一、打造“一个全媒体宣贯载体”,强化文化传导深度

一个全媒体宣贯载体主要指通过树立“互联网 + 文化”的思维,高度重视传播手段建设和创新,充分利用微博、微信、网站、视频平台、宣传园地、车载电视等媒体平台,持续认真做好党的十九大精神的学习宣传,设计制作符合干部员工审美需求的企业文化主题海报、宣传片和微视频,通过全媒体文化宣贯载体宣传企业文化理念和价值导向,实现企业文化建设线下线上同步发力。

二、构建“五个文化传播平台”,增强文化感染力度

1. 员工互动平台

员工互动平台通过开通企业移动门户,丰富新媒体平台的推送内容和服务方式,使员工可以更便捷地浏览企业动态和个人信息,进一步拓展文化宣教管理新渠道。

2. 文体活动平台

文体活动平台主要依托集团公司官方微博、微信、网站和员工文体协会,以员工和公众喜闻乐见的各类文体形式,积极组织开展线上线下互动体验活动,提高公交员工及广大乘客对公交文化的体验感,营造浓厚的企业文化氛围。

3. 在线学习平台

在线学习平台主要指充分利用“公交在线学习平台”APP 功能和资源,以企业文化专题答卷、文化理念教育资料等为主要内容,组织开展知识竞赛、教育培训和学习交流活动,进一步提升企业文化理念宣贯的覆盖率。

4. 形象展示平台

形象展示平台主要指精心筹建新北京公交展示馆,通过引入先进科技手段,创新宣传展示内容,使之成为北京公交历史文化与发展成就的全景展示平台。借助展示馆等载体,开展同行交流、社会宣传、员工教育等文化传播活动,充分展示企业品牌形象,进一步扩大企业文化影响力。

5. 公益活动平台

公益活动平台主要围绕企业文化理念,结合开展特色公益活动,主题日活动、青

年志愿服务活动等，积极传播传导企业价值理念，展现公交品牌价值，提升社会公众对公交企业文化的认知度。

三、推进"六大仪式文化建设"，提升文化体验温度

1. 员工入职仪式

员工入职仪式是指通过组织新员工观看"入职教育片"、参观公交展示馆、举行入职宣誓、参加专业入职教育，促进新员工了解和掌握企业发展历程、使命愿景、核心价值观、企业精神、劳模先进事迹，提高新员工的荣誉感、使命感和忠诚度，使他们尽快适应和融入企业文化。

2. 员工退休仪式

员工退休仪式是指按照"统一规范，分级实施，定期开展，灵活多样"的原则，结合实际，组织退休员工开展"五个一"活动，即开展一次谈心谈话、颁发一块荣誉奖牌、拍摄一张退休合影、赠送一份退休纪念、送上一句温馨祝福活动。提高干部员工的归属感、成就感和获得感。

3. 教育激励仪式

教育激励仪式是指通过开展"金方向盘"评选，先进集体、先进个人评选表彰仪式，"七一"表彰仪式，以及建立员工班前宣读岗位职责等班组仪式、特色仪式，充分发挥仪式的教育激励功能。

4. 入党入团仪式

入党入团仪式是指依照党团规章制度要求，在组织开展相关仪式活动中，增加企业文化理念的相关内容。

5. 管理任职仪式

管理任职仪式是指根据相关管理层级任职要求，开展颁发任命书、举行任职宣誓活动。

6. 企业纪念仪式

企业纪念仪式是指针对企业重要庆典活动，规范纪念活动的报送审批及开展相关纪念仪式的流程，在仪式活动中规范展示企业标志标识，奏唱司歌、升司旗等环节。

四、培育"八项文化实践活动"，拓宽文化影响维度

1. 讲好一堂企业文化课

讲好一堂企业文化课是指以公交"文化讲堂"形式为重点，由各级党组织负责人

结合本单位实际,或邀请外部文化建设专家,定期讲好一堂企业文化课,帮助员工准确把握企业的使命和愿景、企业精神与核心价值观,实现企业文化建设自上而下、有效传导。

2. 组建一支文化宣讲团

组建一支文化宣讲团是指以员工宣讲团为骨干组建企业文化宣讲团,以基层员工喜闻乐见的方式,开展覆盖全体员工的企业文化理念宣贯活动,深入基层车队、车间开展巡回宣讲,宣传先进事迹,讲好公交故事,传播公交正能量,实现企业文化建设由外及内,平行灌输。

3. 拍好一批公交金镜头

拍好一批公交金镜头是指以"金镜头"摄影摄像评比活动为载体,引导员工发现和记录工作中的美好瞬间,展现新时期公交企业发展成果和员工队伍优良风貌,不定期进行评选、奖励,并通过官方平台向外传导,用影像讲述公交故事、传递公交形象,实现企业文化建设寓教于乐,常态运转。

4. 挖掘一组公交好故事

挖掘一组公交好故事是指以传承北京公交优秀文化为主题,深入挖掘公交企业和公交人身上的闪光点,整理出一批反映行业精神和员工风貌的真情故事,形成故事集,实现企业优秀文化的准确记录和文学升华。

5. 开辟一档公交微节目

开辟一档公交微节目是指以解决企业文化持续传导"最后一公里"问题为抓手,编辑制作《公交频道》特别节目,涵盖公交企业文化理念宣传内涵,坚持在基层300台移动终端播放,营造企业与员工同心同德、风雨同行的文化氛围。

6. 聘请一批公交代言人

聘请一批公交代言人是指要开展明星公益代言活动,邀请符合企业理念的社会名人和优秀员工担任"北京公交形象大使",策划丰富多彩的公交企业文化活动,对内吸引员工参与企业文化活动,对外倡导公交文化理念,进一步提升公交企业的影响力。

7. 设计一套文化衍生品

设计一套文化衍生品是指在完善传统视觉识别系统应用的基础上,拓展具有公交行业文化特色的展示渠道,设计制作公交吉祥物等文化衍生品,面向全社会进行设计方案征集,甄选优秀设计图稿,并制作成贴图、海报、展板等宣传品,争取入围"北京礼物",在人流密集的机场、火车站、展馆等公共场所进行广泛宣传和推广,增强公交文化生命力,提升北京公交品牌形象。

8. 设立一个员工“文化节”

设立一个员工“文化节”是指以员工“文化节”为主题，依托“国企开放日”“公交出行达人”“绿色出行公社区”“党员干部进社区”“基层单位互动共建”等公益品牌活动，进一步丰富公交文化实践活动内容和形式，打造具有公交情怀和独特生命力的文化主题节日活动，增强与社会公众的互动交流，提高公交文化吸引力，扩大企业的社会影响力。

附录

运营管理计算机应用相关知识